Inhalt

1. Einleitung

»Widernatürliche Vereinbarungen
der Menschen«

s gab eine Zeit, da war die Revolte gegen die herrschende Moral eine wilde Sache. Sie sang »Love Me Tender« und ruckte und zuckte dabei so obszön mit den Hüften, dass das Fernsehen sie nur noch von der Taille aufwärts zeigen mochte. Sie trieb *widernatürliche Unzucht* mit Menschen des gleichen Geschlechts und erntete dafür Haftstrafen, trug lange Haare und bezog dafür Prügel. Später lungerte sie mit Gleichgesinnten und Gitarren in Fußgängerzonen, prostete schon morgens fleißigen Passanten mit Lambrusco zu. Dann wälzte sie sich in Kommunen gruppenweise übereinander, kiffte sich den Mandelkern aus dem Hirn und posierte kollektiv mit nacktem Hintern für die Sensationspresse.

Irgendwie sieht der Aufstand gegen die Moral heute anders aus als damals. Er ist nicht leiser geworden, aber grimmiger, grauer, gesetzter. Er trägt Tweedjackett, senffarbene Hosen oder die schwarze Kulturuniform. Er pflegt mit Hingabe seinen Sportwagen oder seinen Schrebergarten, weiß einen guten Barolo zu schätzen oder das hart verdiente Feierabendpils. Er schlägt schon auch mal über die Stränge, wenn es um unvernünftige Investitionen in einen BBQ-Hydra-900-Gartengrill geht oder ein Auto, das eigentlich zu groß ist für die

Stadt. Aber im Allgemeinen hält er die Füße still, versteht nur manchmal lauthals die Welt nicht mehr.

Sein Protest ist keine Demo, aber auch kein Gesang, kein Tanz und keine Überschreitung. Er zeigt sich, je nach Temperament und Sozialstatus, in einem Naserümpfen, einem Murren, einem Grollen und Grummeln. Er fordert die Moral nicht heraus, sondern beschwert sich über sie – in spitzlippigen Aperçus über »Moralismus« und »Moralisierung«, in missbilligenden Komposita wie »Moralkeule«, »Moralprediger« und »Moralelite«, in der rasch gezeichneten, aber desto unverwüstlicheren Karikatur des »Gutmenschen«. Und in den zahllosen Büchern, die in den vergangenen Jahren – mal rechts, mal grün, mal links grundiert, aber immer in das erbitterte Kopfnicken einverständiger Leser hineingeschrieben – Normalität gegen Moralität ausspielen: »Die Moralfalle«, »Hypermoral«, »Die Diktatur der Moral«, »Erst die Fakten, dann die Moral«, »Kritik der Moralisierung« oder »Das sogenannt Gute. Zur Selbstmoralisierung der Meinungsmacht«. Oder, noch bündiger: »Keine Macht der Moral!«

Es sind Politiker genauso wie Taxifahrer, die diesen mürrischen Krieg führen. Es sind Schriftstellerinnen und Philosophen, Studienräte und Vertriebschefs, Rechtspopulistinnen und linke Klassenkämpfer, aber auch Stützen linksgrüner Milieus. Es sind Chefredakteure und deren Leser und Leserinnen, die sich in den Online-Portalen mit Kommentaren zu Wort melden. Es sieht aus, als wäre das Wort »Moral« bei ihnen zum Fluch verkommen, zur Beleidigung, zum *five-letter word.* Als wäre die Ethik zum Ekelobjekt geworden, etwas, das man nur ungern anfassen möchte, ein Gegenstand des Abscheus oder der Phobien, wie Spinnen oder Clowns.

Was ist passiert, das diesen Aufstand gegen die Moral erklären könnte? Hat »die Sitte« das Land wieder im Griff? Kommen neuerdings, wie noch in den 1960er Jahren, wieder Eltern vor Gericht, wenn der Freund der Teenager-Tochter über Nacht bleibt, oder wird die Wirtin bestraft, die ein Paar ohne Trauschein übernachten lässt? Ist wieder der Bikini verboten, wie an den Mittelmeerstränden der 1950er Jahre, oder der Minirock, wie bis in die 1970er Jahre in Schweizer Hotels, Zoos und Kirchen? Werden wieder, wie vor 1974, Abtreibungen umstandslos mit Gefängnis bestraft?

Tobt wieder der Bundestag wie noch 1970, als zum ersten Mal eine Frau in Hosen am Rednerpult stand? Hagelt es wieder Mord- und Bombendrohungen wie im selben Jahr, als eine Kandidatin der Spiel-Show »Wünsch dir was« in durchsichtiger Bluse vor die Kamera trat? Ist der Paragraph 175 wieder in Kraft, der bis 1994 »homosexuelle Handlungen« verbot und dessentwegen noch 1990 96 Bundesbürger verurteilt wurden und zehn im Gefängnis saßen?

Werden wieder junge Männer gegen ihren Willen in Kasernen gesperrt, wie vor der Aussetzung der Wehrpflicht im Jahr 2011? Ist es wieder verboten, im Fernsehen »ficken« oder »Scheiße« zu sagen oder die Bundesrepublik Deutschland mit »BRD« abzukürzen, dieser »kommunistischen Agitationsformel« (Hans Karl Filbinger), die noch in den 1970er Jahren in Schulaufsätzen als Fehler angestrichen wurde?

Wahrscheinlich ist genau das Gegenteil der Fall.

Wahrscheinlich war noch nie in Deutschland so viel erlaubt wie heute. Frauen dürfen, anders als in den 1960er Jahren, ohne Zustimmung des Ehemanns einen Beruf ergreifen und Verträge unterschreiben. In der Gastronomie gibt es, anders als vor nicht allzu langer Zeit, keine nächtlichen Sperrstunden mehr. Seit 1995 dürfen Jugendliche in Niedersachsen bei Kommunalwahlen wählen, seit einigen Jahren in Bremen, Hamburg und Schleswig-Holstein auch bei Landtagswahlen, und bald sollen auch bundesweit 16-jährige an die Urnen gelassen werden. Seit 2017 dürfen alle erwachsenen Deutschen frei ihre Ehepartner wählen, unabhängig von deren Geschlecht, und seit Dezember 2018 auch ihre eigene sexuelle Identität. Sogar die Legalisierung von Cannabis steht unmittelbar bevor.

Eigentlich sieht es aus, als läge der Gipfel der Freiheit nur noch ein paar Serpentinen entfernt. Und ausgerechnet jetzt wittern gerade die, denen diese Bergtour zum Mount Selbstbestimmung immer eher zu schnell als zu langsam vorangegangen ist, überall nur noch »Verbotskultur«.

Denn wer heute gegen die »Diktatur der Moral« in den verdrossenen Widerstand geht, fordert in der Regel nicht mehr (einvernehmlichen) Sex, Drogen oder Rock'n'Roll. Er verlangt auch nicht, dass das Tanzverbot an Karfreitag fällt oder das Verbot, weggeworfene Lebensmittel aus Abfallcontainern zu klauben.

Meistens wünscht er sich nur zurück, was er zu wünschen gelernt hat. Er verteidigt lieb gewordene Privilegien – die er dann gar nicht unbedingt selbst wahrnehmen muss: Es genügt, dass sie Leuten wie ihm im Prinzip *zustehen*. Etwa das Recht, Frauen gegen deren Willen anzufassen (»Sex nur noch mit Zustimmung?«, fragte erschrocken die »Neue Zürcher Zeitung« noch im Mai 2021 auf ihrer Titelseite), mit »1000 ganz legalen Steuertricks« den Staat abzuzocken, öffentliche Erholungsfläche unter hässlichen Eigenheimen zu begraben, mit 250 und Lichthupe über die Autobahn zu brettern oder tonnenweise Kerosin in die Luft zu blasen.

Der Moral-Rebell des 21. Jahrhunderts sorgt sich um die Freiheit, Minderheiten zu verunglimpfen, Mitmenschen im Mittelmeer ertrinken zu lassen oder mit einem bösen Virus anzustecken und, wenn man ihm auch diesen letzten Spaß noch nehmen will, mit Fackeln und Trommeln vor dem Fachwerkhaus einer Gesundheitsministerin aufzumarschieren.

Natürlich ist das ein Hohn auf die klassische Definition der Freiheit, wie sie die Erklärung der Menschen- und Bürgerrechte von 1789 formuliert: »Die Freiheit besteht darin, alles tun zu können, *was einem anderen nicht schadet.*« Es ist eine geizige, eine kleinliche, eine missgünstige Freiheit, die nur für den Empörer selbst gelten soll. Eine Schrumpfform der Freiheit, die den einzigen kargen Genuss verfolgt, das Tafelsilber gewohnter Vorrechte zusammenzuhalten.

In diesem Zerrspiegel-Kabinett von Freiheit kann jeder sein eigener Diktator sein – der sich wie ein kleiner

Putin, Erdoğan oder Orbán die »Einmischung« in seine »inneren Angelegenheiten« verbittet, wenn die Weltgemeinschaft einmal ganz unverbindlich die Menschenrechte aus dem Diplomatenkoffer kramt.

Nur selten geht es in den neuen Kulturkämpfen noch um das, was einmal »Selbstverwirklichung« hieß. Es geht nicht mehr um Rocklängen, Berufs- und Partnerwahl oder sexuelle Vorlieben. Niemand kritisiert Menschen für ihre Sehnsucht, sich zu erotischen Zwecken mit Scheiblettenkäse zu belegen. Niemanden geht das etwas an als diese Enthusiasten selbst, und deshalb würde ihnen auch der strammste Moralist nicht in diese Form der Freizeitgestaltung hineinreden.

Es geht vielmehr um Selbst*behauptung* – gegen den Rest der Welt. Nicht um die Freiheit, über das eigene Leben frei zu verfügen – sondern um die Gewalt über das Leben *anderer* Leute, die unter dieser Freiheit dann zu leiden haben. Es geht nicht um das liberale Projekt, möglichst viele Rechte für möglichst viele Menschen zu garantieren, sondern um den libertären Narzissmus, möglichst umfassende Rechte für sich selbst und die eigene Gruppe zu konservieren – auf Kosten jener, die nicht kräftig, ungeniert oder zeitig genug zugegriffen haben.

Dabei geht die neue Moralskepsis nicht so weit, etwas zu riskieren. Misstrauisch zieht sie sich in die Reservate des *gesunden Menschenverstands* zurück. Ihre Sprüche und Schriften sind keine Herausforderungen des Hergebrachten wie Flauberts »Madame Bovary«, Baudelaires »Blumen des Bösen« oder Genets »Notre-Damedes-Fleurs«, nicht einmal Wilhelm Buschs »Fromme Helene«. Sie rebelliert nicht gegen die Fesseln der Konvention, schüttelt nicht den Ballast traditioneller, überkommener Normen und Regeln ab. Im Gegenteil: Sie beklagt eine Moral, die lebt, die sich bewegt – und das offenbar schneller, als es die Kondition der Zurückgebliebenen erlaubt. Schwer atmend und gebeugt, eine Hand in der stechenden Seite, die andere fuchtelnd in der Luft, schimpft sie den enteilenden Sitten hinterher.

So wird die neue Skepsis gegen »Moralismus« und »Moralisierung« vor allem dann wach, wenn die Moral sich um Menschen kümmert, die bislang nicht besonders weit oben auf der Agenda gesellschaftlicher Anteilnahme standen. Wenn sie sich für Geflüchtete einsetzt (auch wenn es viele sind), missbrauchte Frauen (auch wenn sie Minirock tragen), Minderheiten (auch wenn ihre Sitten und Trachten dem Geschmack der Mehrheit nicht entsprechen) oder nachkommende Generationen (auch wenn sie noch nicht geboren sind).

Und so spukt das Schreckgespenst der »Moraldiktatur« durch eine Vielzahl aktueller Debatten – ob sie von Klimapolitik handeln oder #MeToo, von Seenotrettung im Mittelmeer oder geschlechterneutralen Toiletten.

Doch auch der Moralist hat seine Gestalt gewechselt. Früher galt als »Moralist« der ehrenwerte Zeitgenosse, der – wie etwa Pascal, Montaigne oder der Held von Erich Kästners Roman »Fabian« (Untertitel: »Die Geschichte eines Moralisten«) – die Sitten seiner Umgebung mit (wenn auch durchaus parteiischer) Neugier betrachtete oder begutachtete. Heute ist »Moralist« zum

Schimpfwort für den bekennenden Veganer geworden oder die lästige Passantin, die sich über den Sportwagen auf dem Gehweg beschwert – ein anderes Wort für den »Gutmenschen«, die »Lifestyle-Linke«, die »Woko Haram«, den »virtue signaller«, den »social justice warrior«.

Und er hat neue, bevorzugt weibliche Inkarnationen gefunden wie Greta Thunberg, die Flüchtlingskomplizin Angela Merkel, die Seenot-Piratin Carola Rackete oder die gendernde Fernsehhexe Petra Gerster. Denn die Moral ist für die unwirschen Verteidiger des Abendlands seit jeher die Domäne der Frau. Und das Vordringen moralischer Fragen in das sachliche Herrenzimmer der Politik deshalb gleichbedeutend mit Verweiblichung – und mit deren Jahrhunderte altem Beigeschmack von Dekadenz.

Die »Kritik des Moralismus« der Philosophieprofessoren Christian Neuhäuser und Christian Seidel definiert den Moralismus unter anderem als »Kompetenzüberschreitung« (»Eine Person, die gar nicht zuständig oder kritikberechtigt ist, urteilt moralisch über andere oder übt moralische Kritik«). Manchmal trete er auch als »kategorial deplatziertes moralisches Urteil« auf, mit dem »etwas zu einer moralischen Angelegenheit aufgeladen wird, das keine moralische Angelegenheit ist«. Als Beispiel nennen sie Kunst oder internationale Politik.

Moral ist also etwas für Fachleute oder besondere Gelegenheiten. Und Moralismus liegt vor, wenn entweder der Falsche von Moral spricht oder der Richtige zum falschen Thema oder zur falschen Zeit. Er ist, so lässt sich zusammenfassen, Moral, wo sie nicht hingehört.

Moralismus ist also, entsprechend der Definition der Anthropologin Mary Douglas, *Schmutz* – nämlich »Materie am falschen Ort«. Er ist Unordnung, ja geradezu eine Ordnungswidrigkeit. Er ist unrein, hybrid, ungehörig und störend – ein Verstoß gegen die politische Hygiene, die sich um die pragmatische Sauberkeit etwa der Außenpolitik bemüht.

Diese Stoßrichtung der Moralkritik ist nicht neu. Sie ist mindestens so alt wie die Klagen über den Siegeszug der Technik, die Verflachung der Kultur, die dummen Massen oder die »Jugend von heute«. Sie ist so alt wie jene zeitlose Bitterkeit, die man »Kulturpessimismus« nennt – und so treffen sich in ihr die Anti-Moralisten des 21. Jahrhunderts mit Moralfeinden aus allen Epochen.

Schon die Sentenzen, die Plato in seinen Dialogen den griechischen Sophisten des fünften Jahrhunderts v. Chr. in den Mund legt, spielen das Recht des Stärkeren gegen die moralischen Normen aus: Egoismus, zitiert Plato zum Beispiel einen von ihnen (er heißt Kallikles), sei ein »Gesetz der Natur« – alles andere seien »widernatürliche Vereinbarungen der Menschen«.

Diese Kritik gilt demselben Feind, den später Friedrich Nietzsche, der wohl einflussreichste Moralhasser der Ideengeschichte, vor Augen hatte, als er 1881 seinen »Feldzug gegen die Moral« ankündigte. Sie richtet sich gegen die »Goldene Regel« (»Behandle andere so, wie du von ihnen behandelt werden willst«), die zahllosen Philosophien vom alten China über Indien, Ägypten bis zum antiken Griechenland gemeinsam ist. Oder jenen banalen Satz, den Schopenhauer zum »Prinzip aller Moral« erklärte: »Verletze niemanden, vielmehr hilf allen, soweit du kannst.« Oder schlicht gegen das, was der Philosoph Rafael Capurro als »Moralität« definiert: »die freie Grundhaltung des Gutseinwollens«.

Doch genau diese naive, uncoole, selbstlose, universalistische Moral ist es, die weiten Teilen der Welt nach und nach den Abschied von Folter und Todesstrafe gebracht hat, von Sklaverei und Mord an neugeborenen Mädchen, von Duellen und der Prügelstrafe für Kinder, von Menschenopfern, Harems und Freak Shows, von Zwangsehen, Apartheid und der Verstümmelung der Füße chinesischer Frauen. Die es nach Tausenden Jahren Gemetzel endlich geschafft hat, Eroberungskriege wenigstens für illegal zu erklären – und so erst dem Eingreifen der Alliierten gegen Hitlers Expansion eine Grundlage gab. Die das Frauenwahlrecht und die Ehe für alle gebracht hat und dazu den zunehmend akzeptierten Konsens, dass Diskriminierung von Minderheiten unanständig ist. Und dass Menschenrechte gefälligst nicht nur für die eigenen Leute gelten sollten, sondern auch für den Rest der Welt.

Kurz: Es geht um die Moral als Ächtung der Gewalt – und als stetige Ausweitung des Feldes, das wir mit dem Wort »Gewalt« umreißen. Galten noch vor kurzem sogar die Hinrichtung, die Kopfnuss für den vorlauten Schüler oder der Schusswechsel im Morgengrauen als friedensstiftendes Verhalten, erstreckt sich heute die Definition von Gewalt auch auf ihre weniger handgreiflichen Formen wie Rassismus, Sexismus, Ausbeutung, Umweltzerstörung oder Auto-Terror.

Damit erhärtet sich ein Verdacht. Ist womöglich der Kleinkrieg gegen »Moral«, »Moralismus« und »Moralisieren« ein Rückzugsgefecht? Ist er vielleicht im Grunde nichts anderes als ein Protest gegen jenes Zusammenspiel von Aufklärung, Fortschritt und ständiger Überprüfung überkommener Gewissheiten, das wir »Moderne« nennen? Gegen das, was der Soziologe Norbert Elias in seinem gleichnamigen Klassiker als »Prozess der Zivilisation« definiert?

Denn auch für Elias ist die Zivilisation nicht so sehr Auto und Zentralheizung, sondern der lange Weg, auf dem die »Gewalttat langsam von der offenen Bühne des gesellschaftlichen Alltags zurücktritt«. In seinem Buch beschreibt er, wie vom elften Jahrhundert an die Menschen, unterstützt durch Aufklärung und Wissenschaft, aber vor allem durch Gewohnheit und Nachahmung, zunehmend ihre Impulse in den Griff bekommen.

Sie werden, kurz gesagt, das, was man nach heutigen Maßstäben »erwachsen« nennt. Sie bequemen sich dazu, auch die langfristigen Folgen ihrer Taten zu bedenken und die Gedanken und Gefühle anderer. Sie lernen Empathie, das probeweise Einnehmen fremder Standpunkte und Kooperation auch mit Menschen, die nicht zur eigenen Gruppe gehören.

Dieser »Prozess der Zivilisation«, wie Elias ihn versteht, ist nicht, wie Leute mit einem heimlichen Faible für schwarze Pädagogik wohl unterstellen, das Ergebnis von Drill, von Dressur, von Triebunterdrückung durch ein Über-Ich oder andere Besserwisser. Er kennt keinen Mastermind, keine allmächtige harte Hand. Er ist auch kein besonders heroischer, sondern ein ganz pragmatischer, geradezu opportunistischer Vorgang – »eine aus der Verschränkung vieler Absichten hervorgehende, primär ungeplante, ziel- und zwecklose Veränderung der sozialen Standards der individuellen Selbststeuerung«.

Dieser Prozess unterdrückt keine Affekte, sondern baut neue, sinnvollere auf. Er erzwingt keinen Gehorsam, sondern kalibriert den allgemeinen »Standard des Triebhaushalts« nach – im Interesse des geschmeidigeren Zusammenlebens einer Tierart, die sich von Jahr zu Jahr enger aneinanderdrängt.

Er ähnelt darin der biologischen Evolution: Moral als Frage der *fitness*, der Passgenauigkeit mit einer Umwelt, die sich ja ebenfalls entwickelt. Der Unterschied ist nur, dass diese Evolution nicht neue Arten von Lebewesen hervorbringt, sondern neue Varianten menschlichen Verhaltens – Quantensprünge der Empathie, Revolutionen der gegenseitigen Rücksichtnahme.

Zwar ist an dieser Evolution, so Elias, auch die staatliche Zentralmacht nicht ganz unschuldig, die nach und nach das Gewaltmonopol an sich reißt – und damit ihren Untertanen die Lizenz entzieht, nach privatem Gutdünken andere zu verstümmeln, zu erniedrigen oder zu versklaven. Vor allem aber profitiert die Zivilisation, so erklärt es Elias, von der wachsenden Komplexität der Gesellschaft, ihrer zunehmenden Vernetzung: Je differenzierter die Arbeitsteilung, je enger verzahnt die gegenseitigen politischen, beruflichen, wirtschaftlichen und privaten Interessen und Verpflichtungen, je mehr die Menschen voneinander wissen und voneinander abhängen, desto fairer muss ihr Umgang miteinander werden, um noch einigermaßen reibungslos zu funktionieren.

Je beweglicher also Ideen und Menschen zirkulieren, desto gewaltfreier und rücksichtsvoller muss auf Dauer der Umgang der Leute werden, die dabei aufeinandertreffen. Dieser permanenten Migration der Einflüsse ist es dann beispielsweise zu verdanken, dass eine grausame, archaische Sitte wie Blutrache irgendwann nur noch in schwer zugänglichen Gegenden wie in Gebirgen oder auf Inseln überleben kann.

So folgt auf die Differenzierung der Gesellschaft fast automatisch eine Differenzierung des Gefühls. Und so entstehen, schreibt Elias, nicht nur immer humanere Normen, sondern auch immer neue »Veränderungen in der Modellierung des plastischen, psychischen Apparats«. Eine kontinuierliche Reform des kollektiven Begehrens, in deren Verlauf die Gewaltlosigkeit zur »zweiten Natur« wird.

Eine Evolution – die sich irgendwann so selbstverständlich in Köpfen und Körpern einnistet, dass sich der heutige Mensch schon gewaltig anstrengen muss, um die massenhafte Begeisterung bei einer Hinrichtung nachzuvollziehen. Oder den Jubel beim Anblick brennender Katzen, der bei den großen Volksbelustigungen im Paris des 16. Jahrhunderts zuverlässig das Publikum ergriffen hat: »Die Zuschauer, darunter Könige und Königinnen«, berichtet der britische Historiker Norman Davies, »quietschten vor Lachen, wenn die Tiere, die vor Schmerzen heulten, versengt, gebraten und schließ-lich verkohlt waren.«

Aber: »Die Zivilisation ist noch nicht abgeschlossen«, heißt es am Ende von Elias' Buch. Und es ist auch kein Gesetz der Geschichte, dass es in ihrem Verlauf immer nur geradeaus geht. Die wachsende Vernetzung, von der Elias spricht, sorgt zwar dafür, dass auch Egois-ten die Vorteile von Fairness und Rücksichtnahme ir-gendwann nicht mehr ignorieren. Aber Netze können auch dünn werden, Löcher kriegen und schließlich reißen.

»Atomisierung« hat Hannah Arendt diese Gefahr mit Blick auf die Zeit nach dem Ersten Weltkrieg ge-nannt. Menschen verwandeln sich unter einem solchen Trauma, das die Nervenbahnen der Gesellschaft zer-reißt, »in eine unorganisierte, unstrukturierte Masse verzweifelter und hasserfüllter Individuen«. Die ge-sellschaftlichen Schichten driften auseinander, und wo Massen arbeitslos sind, braucht man keine Arbeitstei-lung mehr. Das Gefühl wächst, die vormals verzahnten politischen, beruflichen, wirtschaftlichen und privaten Interessen nicht mehr miteinander aushandeln zu kön-nen, sondern nur noch gegeneinander.

In diesem Schockzustand schwindet die zivilisie-rende Bindungskraft der Moral. In ihrer Orientierungs-losigkeit rebellieren die fragmentierten Massen, so Arendt, nicht nur gegen die Eliten, sondern auch gegen deren moralische Imperative, an denen die Elitären womöglich selbst scheitern – die »Heuchelei der gu-ten Gesellschaft«. Und sie sind bereit, einem Volkstribun zu folgen, der sich, wie Hitler, die Verachtung der »Gutmeinenden« auf die Fahnen geschrieben hat: Ihm verzeihen sie seine Lügen und Betrügereien nicht nur, sondern sind sogar »stolz darauf, Führer zu haben, die so souverän andere Leute an der Nase herumzuführen« verstehen. Wir werden solchen Volkshelden der Unmoral auch in diesem Buch begegnen.

Der russische Überfall auf die Ukraine ist ein aktuelles Beispiel für einen Fall, bei dem sich Geschichte im Krebsgang bewegt. Der Zeitpunkt, da Elias sein Großwerk verfasste, fiel selbst in eine solche rückläufige Phase: In Deutschland gelangte Hitler an die Macht. In schwindelerregendem Tempo drehten die Nazis den Zivilisationsprozess um. Sie predigten wieder das Recht des Stärkeren, feierten die nackte Gewalt, die Macht des »Blutes« und eine Volksseele, die, wie Hitler forderte, »bewusst wieder zurückfindet zum primitiven Instinkt«.

Als die Nazis 1933 das Institut für Soziologie an der Frankfurter Universität schlossen, an dem Elias lehrte, ging er erst nach Paris und dann nach Großbritannien ins Exil. Der Verleger Fritz Karger publizierte den »Prozess«, obwohl es keine Aussicht gab, das Buch eines jüdischen Autoren in Deutschland zu verkaufen. Jahrelang zog Elias von Universität zu Universität, unterrichtete an Abendschulen und ließ sich zum Psychotherapeuten ausbilden, bis er an der Universität Leicester landete und dort bis zu seiner Pensionierung 1962 lehrte.

Erst 1981, neun Jahre vor seinem Tod, erschien die Studie des Politikwissenschaftlers Ted Robert Gurr, die Elias' Arbeit eine völlig neue Relevanz verlieh: Gurr hatte Tötungsstatistiken in 30 verschiedenen Epochen englischer Geschichte verglichen und festgestellt, dass die Mordrate seit dem 13. Jahrhundert tatsächlich steil und stetig gefallen war. Mittlerweile ist »Der Prozess der Zivilisation« eins der einflussreichsten Werke der Soziologie.

2011 legte der Harvard-Psychologe Steven Pinker in einer 1200-seitigen Studie namens »Gewalt. Eine neue Geschichte der Menschheit« noch umfangreicheres statistisches und historisches Material zur Entbrutalisierung der Welt nach: In dem Buch rechnet er vor, wie über die Jahrhunderte weltweit die Zahl der gewaltsamen Todesfälle zurückging, sich humanitäre Standards und Menschenrechte durchsetzten und die Bewohner der Welt sich mehr und mehr auf Kooperation und rationale Konfliktlösung verlegten. »Ihre Normen für alltägliches Verhalten«, fasst er zusammen, »wechselten von einer Machokultur der Ehre, in der Kränkungen mit Gewalt zu beantworten waren, zu einer Gentlemankultur der Würde, in der man Status gewann, indem man Anstand und Selbstkontrolle zur Schau stellte.«

Es wäre naiv zu erwarten, dass gewaltige, geradezu tektonische Prozesse wie der zivilisatorische Fortschritt ohne Rumpeln ablaufen. Wo das Recht des Stärkeren eingeschränkt, Privilegien planiert, Höflichkeit, Empathie und Kooperation eingefordert werden, bleibt für die, die dabei etwas zu verlieren haben, ein Gefühl der Kränkung zurück. Es gibt Niederlagen, Verletzungen und geknickte Egos. Es gibt den Jetlag, den das Überfliegen moralischer Zeitzonen erzeugt. Es gibt die sprichwörtlichen Reisen, bei denen die Seele nicht Schritt halten kann.

Dabei muss es nicht gleich ein manifestes Gefühl der Bedrohung sein, das den Widerstand auslöst. Oft genügt ein Unbehagen, eine Irritation, eine gefühlte Perforation der Komfortzone. Es genügt ein leiser Stress der Überforderung. Es ist wie bei einer Spinnenphobie, die als Anlass zur Panik nicht unbedingt die tödliche Brasilianische Wanderspinne braucht, sondern der auch eins der 97 Prozent völlig harmlosen Exemplare als Auslöser reicht. Die sogar schon anspringen kann, wenn die Freundin zerstreut mit krummen Fingern auf die Tischplatte trommelt.

Wie jede Phobie hat auch der Abscheu vor Moralität, »Moralismus« und »Moralisierung« einen zweckmäßigen Kern – und eine irrationale Ausprägung. Eine Phobie wie die Spinnenangst, sagen Wissenschaftler, habe dem Urmenschen geholfen, sich vor gefährlichen Tieren in Acht zu nehmen. Aber heutige Phobiker ziehen aus ihrem Nervenflattern nur noch wenig gesundheitlichen Nutzen.

Jeder Fortschritt hat seine Maschinenstürmer – zornige Beharrer wie die englischen »Ludditen«, von der Industrialisierung überrollte Handwerker, die im 18. und 19. Jahrhundert in gerechtem Zorn Wollschermaschinen, Strumpfwirkstühle und mechanische Sägemühlen zertrümmerten. Die Anti-Moralisten sind so etwas wie die Ludditen des Zivilisationsprozesses – immer in Gefahr, mitsamt dem verhassten Spinnapparat das ganze Stadtviertel abzufackeln.

Gegen das Flüssige, das Unberechenbare, das Immer-neu-zu-Verhandelnde, das den Zivilisationsprozess ausmacht, pochen sie auf das Dauerhafte, das Stabile, das Unveränderliche – die »menschliche Natur«, die Fakten, den ewigen Sachzwang. Dabei ist die Moralkritik alles andere als die »Realpolitik«, als die sie sich selbst gern darstellen will. Sie hat selbst einen irrationalen Kern. Sie ist das, was manche ihrer Vertreter besonders hitzig verteufeln: Identitätspolitik. Aber sie identifiziert sich nicht mit verachteten oder an den Rand gedrängten Gruppen, sondern mit historisch aufgeblähten Ich-Ideen, die vom Zerplatzen bedroht sind.

Nicht nur die Evolution der Natur, sondern auch die Entwicklung der Zivilisation hat ihre aussterbenden Arten. Sie kennt stolze Verlierer wie das von Blättern lebende Urpferd Anchitherium, das im Miozän trotz zurückweichender Laubwälder und sich ausbreitender Steppen auf seiner Lieblingskost beharrte und sich nach einem letzten triumphalen Aufbäumen aus der Fauna verabschiedete. Wahrscheinlich hätte das Anchitherium, den letzten Akazienzweig im Maulwinkel, allen Grund gehabt, sich zu beschweren. Und hätte es über eine Sprache verfügt, hätte es vielleicht die weniger eigensinnigen, aber überlebenden Grasfresser als »dekadent« verachtet.

Doch jeder dieser Aussterbenden ist auch ein enttäuschter Liebhaber der Zivilisation. Sie alle waren ja einmal ganz oben in ihrer Gunst. Die Zivilisation las ihnen jeden Wunsch von den Augen ab, und es hätte für immer sein können. Doch irgendwann sagte sie: Ich muss mich weiterentwickeln. Nichts kann der Liebhaber ihr jetzt mehr recht machen, nichts ist ihr gut genug. Sie treibt sich mit Leuten herum, die über den Enttäuschten lachen, spricht in Andeutungen und Witzen, die er nicht mehr versteht. Ganze Tage und Nächte bleibt sie fort, ruft nicht einmal an. Und schließlich ist da nur noch Hass.

Dieser Essay möchte einige der störrischen Rosenkriege nachzeichnen, mit denen sich die enttäuschten Liebhaber der Zivilisation immer wieder gegen diese Liebesverluste zur Wehr setzen. Er begleitet die Proteste gegen den zähen, langwierigen, Jahrhunderte überspannenden Abschied von der Gewalt – erhoben von Menschen aus Sorge, in diesem Prozess den Kürzeren zu ziehen. Anhand historischer Moral-Rebellen von Götz von Berlichingen über Friedrich Nietzsche bis Donald Trump erzählt »Moralophobia« die tragischen Kämpfe dieser Streiter gegen die – immer von neuem revolutionäre – Idee von Gut und Böse.

Der Prozess der Zivilisation kennt viele solcher Trotzigen, Überforderten, Zurückgelassenen, die sich mit raptoreskem Furor ihrer eigenen Überholtheit entgegenstemmen.

Um ihre Kämpfe soll es hier gehen.

2. Götz von Berlichingen

»Wehe dem Jahrhundert,
das dich von sich stieß!«

Er sammelt seine Energie und wartet auf seine Stunde. Jeden Moment kann er explodieren. Dann klettert er auf ein Parkhaus und feuert in die Menge, bringt Frau und Kinder um, sprengt sich im Menschengedränge selbst in die Luft. Er interessiert sich nicht für Lösungen, hat keine Forderungen, über die sich verhandeln ließe. Mit seiner Wut kann »der Weltmarkt ebenso gemeint sein wie eine Prüfungsordnung oder eine Versicherung, die nicht zahlen will«.

2005 hat Hans Magnus Enzensberger eine düster schillernde Figur auf die Bühne der Feuilletons gestellt: den »radikalen Verlierer«. Da ist der Amokläufer, der Ehemann, der seine Familie auslöscht, der Islamist mit dem Sprengstoffgürtel. Allesamt fühlen sie sich als Ausgestoßene – des Markts, der Moderne, des Westens.

Doch schon im 16. Jahrhundert gibt es solche »radikalen Verlierer«. Sie haben es noch nicht mit einer Globalisierung zu tun, mit der sie nicht Schritt halten können. Sie sind die Zurückgelassenen einer Moralisierung. Es sind Abgehängte wie Götz von Berlichingen.

Am Morgen des 18. Mai 1512 zieht ein Trupp von 55 Kaufleuten auf dem Heimweg von der Leipziger Ostermesse an der Regnitz entlang. An einer Furt bei

Forchheim brechen plötzlich 130 vermummte Reiter aus dem Uferdickicht. Sie umzingeln und entwaffnen die Händler und rauben sie aus. Wer sich wehrt, wird verprügelt.

Götz von Berlichingen, der Anführer der Banditen, ist ein gedrungener Mann, kaum 1,60 Meter groß, mit Halbglatze, Vollbart und gemütlichen Pausbacken. Doch dieser Biedermann kennt keine Scheu, seinen Opfern mit dem Abhauen von Gliedmaßen zu drohen. Er zwingt ihre Finger in nagelbesetzte Eisen, um an Informationen über ihr Vermögen zu kommen, lässt die Entführten an Seilen in die Höhe ziehen und foltern. Sein Markenzeichen ist die »eiserne Hand«, eine kunstvolle Prothese, die auf Knopfdruck die Finger krümmt und das Schwert führt, als wäre sie aus Fleisch und Blut.

Die Männer, die ihm jetzt in die Hände fallen, haben Pech: Die meisten von ihnen sind Bürger aus Nürnberg, der größten deutschen Stadt. Und das ist ihr Verhängnis.

Denn die Großstadt ist Götz von Berlichingens Feind. Hier blüht die neue Zeit, die den Tauschhandel durch Geldverkehr ersetzt, Ehre durch Profit, den täglichen Kleinkrieg durch Gildenwesen und Bürokratie und autarke Gutsherrlichkeit durch ein Geben und Nehmen im Geist der Arbeitsteilung.

Hier ist eine neue Zeit zu Hause, die Männern wie Götz unheimlich ist. Verhandlungsgeschick gilt hier mehr als der entschlossene Schwerthieb. Hier ist Empathie (die ja nebenbei auch hilft, beim Feilschen den Gegner auszurechnen) nützlicher als der Morgenstern. Und hier pflegt man die modernen Sitten, die von den Höfen zähflüssig durch die sozialen Schichten hinabsickern und äußerst allmählich auch die Plebs erreichen – ein modischer *trickle down effect*, der sich von nun an noch oft wiederholen wird und, anders als der ökonomische, seine Wirksamkeit nicht nur in der Theorie unter Beweis stellt.

In diesen Städten, die durch Bergbau, Handwerk und Handel zu Reichtum gelangt sind, blüht jetzt die Wirtschaftsmacht, die früher auf den Landgütern der Aristokratie zu Hause war. Und da seit dem Bevölkerungsschwund durch die Pestwellen des 14. Jahrhunderts die Preise für Fleisch und Getreide stetig sinken, bleibt den Grundbesitzern oft nichts als der Hass gegen die »Pfeffersäcke« und gegen die Fürsten, die »in ihrer Pracht und ihren Höfen erstickt« sind, wie einer der Abgehängten schimpft.

Deshalb wartet jetzt eine böse, eine düstere Reise auf die Nürnberger Händler. Die Reiter setzen mit ihnen über die Furt und tauchen ins Dunkel des Steigerwalds ein. Tagelang schleppen sie ihre menschliche Fracht durch dichtes Gehölz. Tagsüber rasten die Entführer, fesseln ihre Opfer an Bäume, ohne sich um deren Hunger zu scheren. Zerren sie nach Sonnenuntergang weiter von Ort zu Ort. Verteilen sie schließlich auf Türme, Kerker und Verliese befreundeter Burgherren: Dort warten die Kaufleute dann bei Wasser und Brot, bis jemand für sie Lösegeld zahlt.

Es sind keine Unterdrückten, die hier losschlagen. Es sind nicht die Armen, die sich etwas holen, was man ihnen vorenthalten hat. Es ist ein Mittelstand, der damals noch nicht Mittelstand heißt. Aber es sind gelernte Stützen der Gesellschaft, die sich von den neuen Sitten an den Rand gedrängt fühlen.

Auch Götz ist Hochwohlgeborener aus altem Geschlecht. Seine Kumpane sind eine Crème des markgräflichen, würzburgischen, bambergischen und hennebergischen Ritteradels. Männer wie sie haben einst die geistige und kriegerische Elite im Reich gestellt. Sie haben Kreuzzüge bestritten, Kriege für ihre Lehnsherren gefochten und sich in der Minne zu edlen Frauen verzehrt. Die großen Romane und Epen des Mittelalters erzählen von ihren Taten, von den *âventiuren*, die ihnen Ruhm und Liebe verschafften, und von ihren Idealen, die dem ganzen Volk zum Vorbild dienten.

Doch seit dem 14. Jahrhundert ist die militärische Bedeutung der berittenen Kämpen stetig gesunken. Moderner Festungsbau und Artillerie sowie die mobile Kriegsführung mit besoldeten Fußsoldaten haben die bis zur Unbeweglichkeit gepanzerten Kampfmaschinen auf ihren verletzlichen Pferden ins Hintertreffen gebracht.

In einem Reich, dessen große Landesherren ihre Territorien zu immer größeren Einheiten aufrunden – nicht zuletzt auf Kosten des Ritteradels –, ist kein Platz mehr für den Eigensinn eines Burgherrn, der sich, »frei und unmittelbar«, nur Gott und dem Kaiser verpflichtet sieht. Und die Verwaltung der wachsenden Flächenstaaten übernehmen immer häufiger Bürgersöhne mit juristischer Universitätsbildung – während die Ritterschaft sich noch immer nach alter Sitte in »Hass und Verachtung über die Studien« gefällt, wie ein Chronist beklagt.

Und im Trotz gegen den höfischen Verhaltenskodex. Denn an diesen Höfen zählt nicht mehr die beherzte Brutalität, sondern das »gute Benehmen«. Nicht mehr die furchtlose Rauferei, sondern der weltgewandte Umgang, die gekonnte Schmeichelei, das fein geknüpfte Netzwerk. Nicht mehr der Streitkolben, sondern diplomatisches Geschick. Nicht mehr die rasche, einfache Lösung, sondern das Geduldsspiel der sozialen Navigation.

So wächst schon unter denen, die sich von den neuen Verkehrsformen benachteiligt fühlen, ein Ressentiment, das im Hass auf die »Moraleliten« bis zum heutigen Tag wirkungsmächtig bleiben wird. Tatsächlich müssen sich die Errungenschaften der Moral – etwa die Abschaffung der Todesstrafe oder des Sklavenhandels – oft nicht nur gegen Herrschende behaupten, sondern auch gegen die Beherrschten. Der Pazifismus ist keine Erfindung der zu Kanonenfutter gepressten Zwangsrekruten, sondern eines städtischen Bürgertums, das die Kostbarkeit seines eigenen Gewissens entdeckt (und der guten Geschäfte, die in Friedenszeiten noch besser laufen). Und als das englische Parlament 1753 den »Emancipation Act« beschließt, der den Juden mehr Gleichberechtigung zuspricht, sind es die Proteste des »einfachen Volks«, die die Politiker zwingen, das Gesetz sechs Monate später wieder zurücknehmen.

Auch die Einführung des allgemeinen Wahlrechts in

Deutschland 1867 ist zuallererst ein Projekt der »informierten, zeitungslesenden Bürger, die sich für abstrakte Werte wie Parlament, Repräsentation und Mitbestimmung engagierten«, wie die Historikerin Hedwig Richter (»Demokratie. Eine deutsche Affäre«) feststellt: »Die meisten Menschen litten Hunger und Not und hatten keinen Kopf für partizipative Ideale.«

Auch für Richter ist die entscheidende Voraussetzung für die moderne Demokratie und die Idee der Gleichheit eine moralische: der Respekt vor dem Nächsten, der dazu führt, dass Menschen »Folter und Prügelstrafen nicht mehr als Unterhaltungsspektakel, sondern als widerlich, schließlich sogar als Skandal« empfinden.

Die Männer um Götz von Berlichingen aber spüren ihn noch im Blut, den Reiz der Grausamkeit, der im Mittelalter die Menschen beseelt hat. Die Lust am Leben, die sich nur spüren lässt, »wenn man das Kriegsgetümmel vor Augen hat«, wie Norbert Elias schreibt; »die Toten mit den aufgerissenen Flanken und die todbringenden Lanzen, die wiehernden Pferde, die ihren Herrn verloren haben, die Schreie: ›Vorwärts‹ und die Hilfeschreie der Unterliegenden«. Die Kriegslieder, die den Genuss besingen, Nasen und Ohren abzuschneiden, Arme und Beine. Sogar die Ehefrauen der Ritter fanden Vergnügen daran, Unschuldige zu verstümmeln, Nonnen die Brüste abzuhauen und die Nägel auszureißen.

Damit sind die Ritter beileibe keine pathologischen Exoten. Ihre Werte und ihre psychischen Ausrichtungen sind die der Mehrheit, und ihre Vorlieben sind massentauglich. Ihre Lust an der Gewalt repräsentiert die

2. Götz von Berlichingen

»breite Mitte der Gesellschaft«, wie man im 21. Jahrhundert sagen wird – ganz »normale Menschen« (Wolfgang Thierse), die in den neuen moralischen Imperativen »ihre Lebensrealität nicht mehr gespiegelt« sehen.

»Auch die kleinen Leute, Mützenmacher, Schneider, Hirten«, schreibt Elias, »sie alle hatten schnell das Messer in der Hand.« So rasch ging im Mittelalter eine Nase abhanden, dass eine ganze chirurgische Disziplin sich mit der Frage beschäftigte, ob kupierte Nasen wieder anwachsen könnten – und sogar Medikamente entwickelte, mit deren Hilfe aus der Wunde ein neues Riechorgan sprießen sollte.

»Die Freude am Quälen und Töten anderer war groß«, schreibt Elias, »und es war eine gesellschaftlich erlaubte Freude. Bis zu einem gewissen Grade drängte sogar der gesellschaftliche Aufbau in diese Richtung und machte es notwendig, ließ es als zweckmäßig erscheinen, sich so zu verhalten.«

Der mittelalterliche Mensch war ein Spielball seiner Affekte, die von einem Moment zum nächsten wechseln konnten, die blitzschnell vom geselligen Witz in die tödliche Fehde kippten, von tiefer Frömmigkeit und Höllenangst zu dröhnender Freude und nackter Geilheit. Jetzt aber ist an Stelle der schnellen Reflexe Impulskontrolle gefragt, an Stelle flackernder Launen Contenance und *stiff upper lip*.

Viele der Überflüssigen, die sich in der neuen höfischen Kultur nicht mehr zurechtfinden, verschanzen sich in der Vergangenheit. Igeln sich auf ihren altmodischen Burgen ein, die, wie der Reichsritter Ulrich von

Hutten sagt, nicht gebaut sind, »um schön, sondern um fest zu sein«. In den kahlen, feuchten und düsteren Gewölben, »angefüllt mit Geschützen, Pech, Schwefel und dem übrigen Zubehör der Waffen und Kriegswerkzeuge«. Im Gestank von Pulver und Hundedreck (»ein feiner Duft!«), von Kuh, Pferd und Mensch. Und über allem ragt der Bergfried, die letzte Zuflucht des belagerten Ritters – sein *panic room*, seine stolze Endstation. Und das ist ein sprechendes Bild für seine aktuelle Lage.

Doch je rasanter ihr Abstieg, umso hochmütiger grenzen sich die Abgehängten von den Aufsteigern ab: in Ritterorden, deren Kreise immer exklusiver, auf Turnieren, deren Regeln immer esoterischer werden, und in ihren immer grotesker wirkenden Rüstungen – quasi den SUVs des 16. Jahrhunderts. Ihre Schaukämpfe erfüllen für die Nachzügler des Zeitgeists eine Funktion, wie sie heute, in der gefühlten Abenddämmerung des Automobils, das Formel-Eins-Rennen für den immer stärker gemaßregelten Bleifuß haben mag – als Ersatzkrieg, Simulation einer verlorenen Zeit, als das Auto noch *fahren* durfte, unbehelligt von Abgasverordnungen, Tempolimits und Pop-up-Radwegen.

Die Ritter des 16. Jahrhunderts sind die zornigen Waisenkinder der frühen Modernisierung. Und so klammern sie sich an das einzige Werkzeug, das sie beherrschen: das Schwert. Ihre Âventiuren suchen sie nun in einer Welt, die keine adeligen Heroen mehr braucht. Die unbrauchbar gewordene Energie wenden sie nach außen und fordern die ganze Gesellschaft in die Arena. Statt für Witwen und Waisen metzeln sie jetzt für die gute alte Zeit (und den eigenen Geldbeutel): ein Aufstand der »Normalen« gegen ein *juste milieu*, das dem Ritter (und dem Volk) sein Bluträuschchen in Ehren verwehren will.

Zur Legitimierung ihrer Kraftakte nutzen sie eine altehrwürdige, aber nicht mehr ganz zeitgemäße Institution: die »Fehde«. Zwar obliegt der Schutz von Recht und Gesetz eigentlich dem Kaiser. Doch der weilt meist außer Landes und kann nur selten eigenhändig für Ruhe und Ordnung sorgen. So sind die Adeligen bei ihren Konflikten auf Schiedssprüche vertrauenswürdiger Dritter angewiesen – oder eben auf die Fehde, die den Gegner mit Gewalt in die Schranken weist.

Mit ritterlichem Kampf, Mann gegen Mann, haben diese Strafaktionen nicht viel zu tun. Meistens münden sie in nackten Terror. Um dem Gegner größtmöglichen Schaden zuzufügen, ist es üblich, sein Land zu verwüsten, seine Dörfer zu verbrennen, seine Leute zu quälen, zu töten oder zu entführen und gegen Lösegeld freizulassen – nebenbei ein gutes Geschäft, an dem wohl auch die Burgherren beteiligt werden, die ihre Verliese zur Aufbewahrung der Geiseln zur Verfügung stellen. Dabei geht es vielen Rittern ohnehin längst nicht mehr um Gerechtigkeit: Ihnen dient die Fehde zur persönlichen Bereicherung – und zur Reparatur lädierten Selbstwertgefühls.

Zwar hat der Wormser Reichstag 1495 mit dem »Ewigen Landfrieden« den adeligen Privatkrieg verboten. Doch vor allem in den politisch zersplitterten Landschaften Frankens, Schwabens, der Wetterau und des

Oberrheins fehlt es an einer schlagkräftigen Gerichtsbarkeit, die der wilden Rechtspflege Einhalt gebieten könnte. So verbleibt die archaische Streitkultur in einer Grauzone faktischer Legalität. Und trotz Einrichtung eines »Reichskammergerichts« in Frankfurt am Main ist seit Beginn des Jahrhunderts die Zahl der Fehden in nie gekannte Höhen geschnellt.

Auch Götz bricht ohne Unterlass Fehden vom Zaun – so viele, dass er sie schließlich selbst nicht mehr zählen kann: Er habe »so viel Händel gehabt«, schreibt er am Ende seines Lebens in seiner Autobiographie, »dass ich jetzt ganz irre bin und es zum Teil vergessen habe«.

Schon als kleiner Junge fühlt sich Gottfried, kurz Götz, um 1480 als jüngstes von zehn Kindern geboren, »zu einem Kriegs- und Reitersmann geschaffen«. Zwar lernt er ein Jahr lang Lesen, Schreiben und Rechnen. Da er jedoch »nicht viel Lust zur Schule« zeigt, geben ihn die Eltern zu seinem Onkel Konrad in die Ritterlehre.

Es ist ein Sumpf von Demütigungen, Schlägen und Beschimpfungen, den ein angehender Ritter durchwaten muss. Schon Fünfjährige zwingt man aufs Pferd und bindet sie im Sattel fest. Drückt sie in den Dung der Ställe, wo sie stillliegen müssen, den Bissen, Tritten und Ausscheidungen der Tiere ausgesetzt. So lernt schon das Kind, dass das Leben Kampf bedeutet – und kann als Erwachsener nicht mehr davon lassen.

Götz stillt den Hunger nach Gewalt, den seine Zeit ihm ans Herz gelegt hat. Keine Prügelei lässt er aus. Schießt hier einem Knecht, der »seltsame Reden« führt, mit der Armbrust »den Rücken entlang«. Wütet dort, wenn ihn jemand von einer Rauferei abhalten will, »wie ein wildes Schwein unter den Rüden«. Und weder Müdigkeit noch Schmerzen halten ihn zurück, wenn sich die Gelegenheit zu Handgreiflichkeiten bietet.

1497 schlüpft er als Knappe am Ansbacher Hof des prunksüchtigen Markgrafen Friedrich von Brandenburg unter. Aber anstatt hier höfische Lebensart und adelige Manieren zu lernen, vertreibt er sich die Zeit lieber mit Prügeleien. Und vermerkt mit Stolz, dass bisweilen »hundert Menschen« seine Auseinandersetzungen verfolgen.

Im Heer Friedrichs von Brandenburg hat er schließlich auch seinen berühmten Unfall: Ein fehlgeleiteter Kanonenschuss aus den eigenen Reihen trifft Berlichingens Schwert. Die Trümmer zerschmettern ihm den rechten Arm und reißen ihm die Hand ab. Ein Kunstschmied liefert ihm eine Prothese, ein teleskopartig ineinander gestülptes Wunderwerk: Ein raffinierter Mechanismus, am Unterarm festzuschnallen, kann auf Knopfdruck die Hand biegen, den Daumen einwärts drehen und die dreigliedrigen Finger krümmen.

Doch wie soll es nun weitergehen? Eine höfische oder militärische Karriere im Dienst der Fürsten verträgt sich nicht mit seinem Stolz und seiner Statussucht. Verlockender erscheint ihm der Krieg auf eigene Rechnung. Und so beschließt Götz, den »Händel« zum Beruf zu machen – und zur rebellischen Mission.

Während die meisten der kriminellen Ritter sich auf Gelegenheitstaten beschränken, erhebt Götz von Berlichingen den Hooliganismus gegen die städtischen

Bürger zur Lebensform. Man könnte sagen: Er wird Terrorist. Er arbeitet mit Plan und Methode, legt Verzeichnisse von Furten und anderen günstigen Tatorten an, erstellt Listen lohnender Opfer. Die Rauflust, die er mit seinen Standesgenossen teilt, macht er für seine »Geschäftle« nutzbar, wie er sie nennt: Den Kampf gegen die neue Zivilisation führt er in deren Terminologie.

Die alten Fehderegeln legt Götz dabei großzügig aus. Den Fehdebrief, traditionsgemäß spätestens drei Tage vor einem Angriff fällig, stellt er grundsätzlich erst nach getaner Tat zu – damit der Adressat nicht womöglich noch Schritte zur gütlichen Einigung einleiten kann. Und statt der eigenen Ehre nimmt sich der selbsternannte Rächer willkürlich zusammengesuchter Bagatellfälle und Nachbarschaftsstreitigkeiten an.

1512 beschließt er, »der Stadt Nürnberg Feind zu werden«. Götz findet sogar einen Vorwand: Ein alter Bekannter sei einmal zu Unrecht von einem Nürnberger Stadtdiener entführt und gefangen genommen worden – auch wenn der Streit seit zwei Jahren geschlichtet ist und sogar das Opfer sich gegen Berlichingens unerbetene Fürsorge verwahrt.

Götz aber lässt sich die Fehde nicht nehmen. Mit seinen adeligen Taliban überfällt er bei Forchheim an der Regnitz einen Nürnberger Kaufmannszug, bald darauf noch einen zweiten bei Ochsenfurt, erleichtert bei Mergentheim einen weiteren um Pelzwerk und Gewürze. Attackiert einen Transport im Hohenlohischen, der freilich größtenteils nicht Nürnberger, sondern Augsburger Ware führt. Im Winter 1513/14 verübt er gleich vier Anschläge; einen der unglücklichen Händler ereilt das Verhängnis namens Götz dabei bereits zum dritten Mal.

Im September 1515 nimmt er ein leergefressenes Feld, angeblich illegal von Schafen aus dem kurmainzischen Städtchen Buchen abgeweidet, zum Vorwand, dem gesamten Fürstentum Mainz die Fehde zu erklären. Beim Überfall auf eine Karawane, die unter dem Schutz des Mainzer Kurfürsten und Erzbischofs Albrecht steht, erbeutet er 8000 Gulden. Das ist durchaus lukrativ – doch es ist auch eine »Propaganda durch die Tat«, wie sie modernen Untergrundkämpfern am Herzen liegt.

Um »die Landesgegend ein Weilchen unsicher zu machen«, brennt Götz, wie er in seiner Autobiographie prahlt, im Mainzer Gebiet »in Begleitung von nicht mehr als sieben Mann drei Orte nieder«. Zündet in »einer schneehellen Nacht« auch das »Schafhaus« von Krautheim an. Und als dort ein Amtmann schimpfend den Kopf aus dem Burgfenster steckt, antwortet Götz mit dem legendären Satz, der einst in Goethes drastischerer Version der nachhaltigste Beitrag des Ritters zur Kulturgeschichte werden soll: Der Amtmann möge ihn »hinten lecken«.

Schon bald kontrollieren Berlichingen und seine adeligen Haudegen nicht nur die Umgebung von Mainz, sondern auch die wichtigsten Straßen in Franken, dem Thüringer Wald und dem Fuldaer Land. Erst als er sich im Dienst des Herzogs Ulrich von Württemberg, der im Januar 1519 die Reichsstadt Reutlingen überfallen hat, mit dem Schwäbischen Bund anlegt, gelingt es dessen

Truppen, den Ritter gefangen zu nehmen und zu »ritterlicher Haft« im Heilbronner Gasthaus »Zur Krone« unter Arrest zu stellen.

Nach dreieinhalb Jahren Gefangenschaft erkauft sich Götz schließlich seine Freiheit mit einer »Urfehde«, einer Kapitulationserklärung: Darin verpflichtet er sich, in Zukunft auf Gewalt gegen die Mitglieder des Bundes zu verzichten. Außerdem verspricht er, dem Bund 2000 Gulden zu zahlen – plus 552 Gulden für Unterkunft in der »Krone«.

Der erzwungene Frieden hält keine drei Jahre. Und wieder führt er – wie gut 500 Jahre später der Super-Terrorist Carlos, dem jeder Auftraggeber recht ist, wenn es darum geht, spektakulären Schaden anzurichten – eine Fehde, die nicht die seine ist: Es ist die Rebellion der Bauern, die seit Jahrzehnten immer wieder in kleinen, schnell gelöschten Bränden am Oberrhein aufflammt. Doch jetzt dehnt sich der Aufstand aus, ergreift auch Schwaben und Franken. Landleute, oft barfüßig und nur mit Äxten, Sensen und Forken bewaffnet, kämpfen gegen gut gerüstete Landsknechte. Sie vertreiben Priester der römischen Kirche, plündern Klöster und attackieren auch Burgen und Adelssitze ihrer Grundherren. Handwerker, Tagelöhner und Gesellen schließen sich an. Und binnen weniger Wochen wächst ihr Aufstand zur größten Massenerhebung, die Deutschland je gesehen hat.

Sie wendet sich gegen eine Ordnung, in der Fürsten und Bischöfe ihren Prunk auf Kosten des Landvolks erwirtschaften; in der viele Grundherren ihre Untertanen zu Leibeigenen oder Zwangsarbeitern degradieren; in der ein *dominus* für seine Bauern die Ehefrauen aussucht und ihnen für das Bestellen der Felder eine Vielzahl ruinöser Abgaben abfordert: etwa den »Kleinzehnt«, den »Großzehnt«, den »Ehezins« sowie den »Todfall« – eine Erbschaftssteuer, die das Erbe oft nahezu völlig auffrisst.

Anfang April 1525 versammelt sich ein Trupp Bauern aus dem Odenwald in Berlichingens Nachbarschaft, im Zisterzienserkloster Schöntal an der Jagst. Ein Mitglied des Bauernrats wird später – wenn auch unter Folter – behaupten, Götz habe den Bauern versprochen, »die Edelleute zu ihnen zu bringen, denn sie seien so wie die Bauern von den Fürsten bedrängt«.

Tatsächlich sympathisieren manche Adelige mit dem Kampf der Bauern gegen das Landesfürstentum, das zunehmend nicht nur die Landleute einengt, sondern auch die Ritter. Ihnen ist auch recht, dass der »helle Haufe« den reichen Klerus aufs Korn nimmt – dessen Güter sie selbst gern besäßen: Es »gefiel uns auch wohl, dass es über Pfaffen und Mönch ging«, wird einer sich später erinnern, »wussten aber nicht, dass uns das Unglück auch so nah war«.

So kommt es zu einer Koalition, die noch viele Neuauflagen erleben wird: Wie im heutigen Frankreich, wo die Porschefahrer Seit' an Seit' mit den ländlich-proletarischen »Gelbwesten« gegen die Ökosteuer auf Treibstoffe und das Tempolimit von 80 km/h auf Landstraßen demonstrieren, verbünden sich hier die deklassierte Oberschicht und die, die noch nie eine Chance hatten.

Die Sympathien des Adels schwinden allerdings rasch, als am Ostersonntag mehrere Tausend Bauern das fränkische Städtchen Weinsberg berennen. Dort hat sich der verhasste Graf Ludwig von Helfenstein mit seinen Landsknechten und Söldnern verschanzt – und den Bauern, sollten sie nicht die Waffen strecken, gedroht, ihre Dörfer niederzubrennen. Auf Abgesandte der Bauern, die mit ihm verhandeln wollten, lässt er das Feuer eröffnen. Mit Hellebarden und Sensen, Äxten und Schwertern, aber auch großkalibrigen Hakenbüchsen stürmen die Rebellen daraufhin die Stadt und die Burg, ergreifen den Grafen und 14 weitere Edelleute. Sie lassen die Aristokraten wie unbotmäßige Landsknechte durch die Gasse laufen, durch einen Hagel von Stichen und Schlägen. Keiner von ihnen überlebt den grausamen Tanz. Die zerfetzten Körper der Adeligen bleiben nackt und unbestattet am Boden zurück.

Um das Vertrauen der Nobilität zurückzugewinnen, beschwört der gemäßigte Bauernführer Wendel Hipler den Ritter Götz von Berlichingen, der den Standesgenossen noch immer als Vorbild gilt, sich der Bauernarmee als Hauptmann anzuschließen. Später wird Götz behaupten, er habe nur unter Zwang zugesagt – »denn ich wollte mich nicht gern erwürgen lassen«. Jedenfalls setzt Götz mit Hipler einen Vertrag über vier Wochen auf, überfällt am 30. April mit seiner neuen Truppe das Benediktinerkloster in Amorbach und belagert dann, vereint mit einem entschlossenen Bauernheer von der Tauber, das Hochstift Marienberg, das unter dem Schutz des Schwäbischen Bundes steht.

Doch die Mauern der Festung, hoch über dem Main direkt am Ufer erbaut, sind für ein Heer ohne schweres

2. Götz von Berlichingen

Geschütz kaum zu überwinden. Am 15. Mai unternehmen die Bauern einen vergeblichen Ansturm. Ein zweiter Angriff um Mitternacht scheitert ebenfalls unter hohen Verlusten. An den folgenden Tagen verharren die 15 000 Männer in benommener Dumpfheit, ertränken die Ratlosigkeit in Strömen von Wein aus den Kellern des Sankt-Burkard-Stifts. Um die letzten Reste von Disziplin zu wahren, errichten die Anführer drei Galgen in der Stadt.

Götz spürt, dass den Bauern »die Katz den Rücken hinauf« läuft. Am 23. Mai tritt er mit 7000 Mann den Rückzug an. Panisch sucht er sein Heil in Verhandlungen mit dem Schwäbischen Bund. Doch der rückt schon mit 8000 Fußknechten, 2500 Reitern und 1000 Mann Artillerie gen Norden vor, in Richtung Marienstift.

Am 28. Mai erkennt Berlichingen, dass die Sache der Bauern verloren ist. Bei Adolzfurt, östlich von Heilbronn, flieht er heimlich aus dem Lager und ergibt sich in die Gefangenschaft des Schwäbischen Bundes. Der kopflose Rest seiner Truppe wird am 2. Juni bei Königshofen an der Tauber blutig aufgerieben. Zwei Tage später metzeln die Bündischen zwischen Würzburg und Giebelstadt auch die übrigen Rebellen nieder.

Götz, der rechtzeitig Rechtfertigungsbriefe an den Bund geschickt hat – dessen Stillhaltevertrag er schließlich gebrochen hat – kommt zwar heil davon. Doch dafür trifft das Urteil, das ihn nach zweieinhalb Jahren Gefangenschaft im Turm des Augsburger Heiligkreuztors ereilt, seine Kämpferseele umso empfindlicher: Götz darf fortan »Bezirk, Hofmark und Zehntbereich des

Schlosses Hornberg« nicht mehr verlassen. Er darf auch nie mehr ein Pferd besteigen und keine Nacht außerhalb des Hauses verbringen.

So wird ihm die Burg zum Gefängnis – mit ihren niedrigen Decken und bis zu sieben Meter dicken Mauern; mit ihrem System aus Wehrgängen, Tourellen, Schießscharten und Gießerkern; mit ihrem spiralförmigen Labyrinth aus Toren und Zwingern, die Zugänge und Wohntrakte abschotten. Erbauung bieten nur die Weinberge, die Götz um mindestens ein Drittel vergrößert und terrassiert, und der Blick vom 30 Meter hohen Bergfried über den Neckar, weit in das Land hinein, das Götz so lange unsicher gemacht hat.

So muss, während sein Aktionskreis auf Sichtweite schrumpft, seine Rauflust sich neue Ventile suchen. Vom Rabauken wird der Ritter jetzt zum Querulanten. Nicht mehr Routen von Kaufleuten studiert er nun, sondern Akten. Wo das Schwert nicht mehr hinreicht, fuchtelt er mit dem Römischen Recht. Seine Turnier-Arena ist das Reichskammergericht, seine Lanze »das Mittel, die Hilfe und die Wohltat der Appellation«.

Wo einst Fehde auf Fehde folgte, jagt jetzt ein Prozess den nächsten. Er spannt Pfarrer, Notare und Doktoren ein, die an ihm ein Vermögen verdienen. Er rechtet mit seiner eigenen Familie, streitet um Grenzsteine und Weihnachtshühner, um Häuser, Leibeigene und Viehwege, um Erbe und Testamente. Er streitet mit der Stadt Mosbach um Abholzungsrechte, mit dem Julianenstift um ein paar Weinstöcke. Er streitet mit Württemberg, Brandenburg und Würzburg um Lehen, die ihm nie verliehen wurden. Und er streitet für das alte Ritterrecht, sich auf seinen Besitztümern selbst zum Richter aufzuschwingen – gegen die Ansprüche der Fürsten, die die Jurisdiktion immer mehr zur Landessache machen.

Doch indem er sich so mit jedermann verzankt, versöhnt er sich, wenn auch ungewollt, zugleich mit der neuen Zeit – mit jener Zeit, die seinen Stand überflüssig gemacht hat: mit der Welt der Zahlen und der Gesetze, die keine Âventiure mehr braucht.

Dafür schneidert er sich selbst einen Ritterroman auf den Leib. Die Autobiographie, die der halb blinde Götz kurz vor seinem Tod diktiert, zeichnet nicht das Leben eines renitenten Gierschlunds, sondern eines Altruisten. Und rund 200 Jahre später gibt der junge Dichter Johann Wolfgang von Goethe dem Leben des Streithahns endgültig die Weihen alt-noblen Rittertums: Im Drama »Götz von Berlichingen« tritt der Terrorbube als selbstloser Rächer der Bedrängten auf, als kerniger Streiter gegen Verrat und höfische Unterdrückung.

Goethes Götz erklärt dem Bamberger Bischof die Fehde – nicht aus Geldgier, sondern aus Rache für einen gefolterten Knecht. Er hat es auch nicht nur mit der knebelnden Ordnung der Fürsten zu tun, sondern auch mit fiktiven Gegnern – einem untreuen Freund sowie einer schönen, aber tückischen *femme fatale*.

Und seinen berühmten Satz wirft er nicht dem Vogt von Krautheim an den Kopf, in dessen Gebiet er gezündelt hat, sondern einem fürstlichen Trompeter, der ihn zur Kapitulation auffordert: »Sag deinem Hauptmann: Vor Ihro Kaiserliche Majestät hab' ich, wie immer, schuldigen Respekt. Er aber, sag's ihm, er kann mich im Arsche lecken!«

Und noch im Tod führt Goethes Götz die Worte »Freiheit! Freiheit!« auf den Lippen.

Was immer er wirklich auf dem Sterbebett gesagt hat: Dieser Trotzseufzer könnte zu Götz passen. Es ist die angemessen paradoxe Selbstheroisierung eines Mannes, der sich sein Leben lang das Recht herausgenommen hat, andere Menschen um ihre Freiheit zu prellen – und nicht selten sogar um die grundsätzliche, weiterleben zu dürfen. Und in ihm klingt schon ein klassisches Motiv der Moralgegner an: das Beharren auf kleine »Freiheiten« (im Fall Berlichingens Prügeln, Schänden und Totstechen), um sie gegen die großen Freiheiten wie Leben, Lieben und Menschenwürde zu behaupten.

Die Umstehenden an Götz' Goethe'schem Totenbett antworten ergriffen: »Edler Mann! Edler Mann!«

Und beklagen im gleichen Atemzug den Fortschritt, der den Raufbold überrollt hat: »Wehe dem Jahrhundert, das dich von sich stieß!«

2. Götz von Berlichingen

3. Niccolò Machiavelli

»Wer gut sein will,
muss zugrunde gehen«

Da ist der Mann, der abends allein an der fast leeren Hotelbar seine Magenpillen mit einem Pils herunterspült. Ungefragt redet er auf jeden ein, der gerade neben ihm sitzt. Ohne an den Sieg noch zu glauben, kämpft er um ein Nicken des Gegenübers, wenigstens ein kurzes, abwesendes Lachen, und es ist schwer zu entscheiden, ob sein Zwinkern Kumpelei ist oder Müdigkeit. Dann wieder starrt er der jungen Barfrau hinterher, die, um sich die endlose Zeit bis zum Feierabend zu vertreiben, das Jugendschutz-Schild putzt.

Solche Männer gibt es, und sie müssen keine Klischees sein und auch gar nicht Handelsvertreter. Solche Männer sind nicht böse, sondern nur erschöpft. Sie sind abgebrüht, mit allen Wassern gewaschen – und es ist kein Wunder, dass dann der Lack eben irgendwann ab ist. Sie kennen die Menschen (fünfzig Kundenkontakte an einem Tag!), und seither lieben sie die Whiskysorten.

Sie haben nichts gegen die Moral. Doch für Männer wie sie, die mitten im Leben stehen, einem vollgepackten Leben aus Zahlen, Rabatten und Finanzierungsmodellen, ist sie eine Investition, die sich rechnen muss. Ungünstigstenfalls ist sie ein Werbegeschenk, das die

Kundenbindung verstärkt. Bringt sie aber gar nichts ein, ist sie Sentimentalität.

Wie beschreibt man ein Verhalten, bei dem unter dem Strich nichts zurückbleibt? Ist es nicht Großmut, Großherzigkeit, Großzügigkeit? Ein Fest der »Verausgabung«, wie Bataille sagen würde, eine souveräne »Welt des Heiligen«, in der sich »das verschwenderische Aufbrausen des Lebens« ereignet? Für die gemäßigte Form der Moralkritik, die nicht vor der Moral selbst Angst hat, sondern nur befürchtet, man könne es damit übertreiben, ist es schlicht ruinös. Oder, noch schlimmer: sentimental.

Sie hat nichts dagegen, kommenden Generationen eine lebenswerte Erde zu hinterlassen, aber nur, wenn sie weiter ohne Einschränkung grillen, fliegen und Auto fahren darf. Wenn die alternativen Energiequellen den Strom nicht teurer machen, aber dafür die Wirtschaft antreiben. Sie ist auch durchaus bereit, Flüchtlinge aufzunehmen. Aber nur dann, wenn die Richtigen kommen, uns nicht auf der Tasche liegen, dafür aber den Fachkräftemangel beheben.

Es ist ein wissender, aber auch ein tragischer, ein heroischer Blick, den unser Handelsvertreter auf die Welt wirft. Es ist der resignierte und daher unverwundbare Blick eines Mannes, der durch Verluste gelernt hat, die Überreste seines Lebens für dessen Substanz zu halten. Die Doppelhaushälfte, die ihm nach der Scheidung zugefallen ist, der Firmenwagen, der Anruf der Tochter zu jedem zweiten oder dritten Geburtstag: Mehr vom Leben zu verlangen wäre nicht nur Utopie, sondern

Dummheit oder sogar Naivität. Seine Unerbittlichkeit hilft, die Tränen zu verbergen, die es gekostet haben muss, sich an diesen sicheren Zufluchtsort durchzuschlagen.

Es ist ein Blick, der womöglich so alt ist wie die Enttäuschung selbst. Es ist der Blick des Niccolò Machiavelli.

Auch Machiavelli, der Mann mit dem spitzen Kinn und den schmalen Lippen, hat einmal mehr vom Leben erhofft. Vierzehn Jahre lang treuer Funktionär der Republik Florenz – bis im August 1512 spanische Truppen im Auftrag des Papstes die Republik überwältigen und der Bankiersfamilie Medici die informelle Herrschaft zurückgeben, die sie 18 Jahre zuvor verspielt hat.

Die Banker lassen ihre Rückkehr als Neubeginn des Goldenen Zeitalters feiern. Mit dem Phönix aus der Asche lassen sie sich vergleichen, mit einem Lorbeerstamm. Fest folgt auf Fest, Prunkzug auf Prunkzug; über 1000 Arbeiter und Handwerker arbeiten zeitweilig an den Dekorationen für diese Spektakel. Kirchen werden zu Werkstätten umgerüstet, in denen Künstler Allegorien und Modelle berühmter Gebäude anfertigen. Die Stadt schwelgt in Triumphbögen, Tempeln, Kolossalstatuen.

Mythologische Figuren zur Verherrlichung der Medici rollen auf Prunkwagen durch die Stadt. Ein lebender Knabe, mit Gold überzogen, stellt die neue Zeit dar und verschmachtet kurz darauf unter seiner versiegelten Haut.

Machiavelli aber, treuer Diener der Republik, verliert

am 7. November sein Sekretärsamt mit 200 Florin Jahresgehalt.

Jetzt darf er ein Jahr lang das Staatsgebiet nicht verlassen und auch nicht den Palast der *signoria*, der Stadtregierung von Florenz, betreten. Er sitzt auf seinem mageren Landgut in Sant'Andrea bei San Casciano, ein paar Fußstunden vor Florenz, »den Geheimnissen und Geschäften fern«, wie er beklagt. Hier lebt man »von Nüssen und Bohnen, von Dörrfleisch, abgejagt den Maden, von trocken Brot«, von dem man »Schnepfenschnäbel« kriegt.

Machiavelli fängt Drosseln mit Leimruten, um seine Frau Marietta und die beiden Söhne zu ernähren. Schickt manchmal auch einen Korb voll an ein Mitglied der neuen, alten Herrscherfamilie – »damit sich Eure Magnifizenz ein wenig erinnere / des armen Machiavelli«. Und er schreibt verzweifelte Sonette an die Mächtigen, die ihn verschmähen.

Oft vergräbt er sich in die Natur, in der Tasche ein Bändchen Dante, Petrarca oder Ovid. Dann, abends allein in seinem Arbeitszimmer, flüchtet er in ruhmvollere Zeiten: »An der Schwelle werfe ich den Bauernkittel voll Schmutz und Schlamm ab, lege prächtige Hofgewänder an.« Und dann träumt er sich, »angemessen gekleidet, in die Säulenhallen der großen Alten«.

Die Alten – das sind die Dichter und Denker der Antike. Sie sind nicht nur Machiavellis Vorbilder, sondern auch die der Humanisten, der intellektuellen Avantgarde dieser Zeit. Die Humanisten arbeiten daran, die Zivilisation auf eine neue Stufe zu stellen – auf das

3. *Niccolò Machiavelli*

Idealpodest eines Altertums, das es nie gab. Was die Menschen von Tieren trennt, ist für sie die Gabe, zwischen Richtig und Falsch zu unterscheiden, zwischen Gut und Böse. Und so sind auch Poetik und Geschichte für sie nichts weiter als angewandte Ethik. Denn sie liefern gute Beispiele zum Nachmachen und schlechte zum Vermeiden.

Diese Humanisten sind verwurzelt in der antiken Kultur – und sind doch begeisterte Bürger einer neuen Epoche, die, so glauben sie, ihnen gehört. Mit leiser Verachtung blicken sie zurück auf die Barbarei des Mittelalters, das sie auch als Erste auf den Begriff bringen – als Kontrast für das eigene Raffinement. Die populären Ritterromane, in denen die Menschen zum Vergnügen des Lesepublikums noch immer wild aufeinander eindreschen, sind für sie Schund, »vollkommen ungelehrt, dumm und dämlich«, wie einer von ihnen spitzfingrig befindet.

Die Humanisten sind die Pioniere des wissenschaftlichen Fortschritts. Aber sie sind auch die zivilisierende Kraft ihrer Zeit. Für die vorrückende Neuzeit sind sie eine moralische Avantgarde: Sie glauben an die Fähigkeit des Menschen zur Selbstkultivierung – und distanzieren sich damit von dem Menschenbild, das in Mönchsorden und anderen konservativen Kirchenkreisen gepflegt wird: der Mensch als armer Sünder, als Unverbesserlicher, der nichts tun kann, als auf Erlösung zu warten.

Und so setzen sie mit ihren avancierten Lebenskunst-Regeln ihre Mitmenschen unter Stress.

Niccolò Machiavelli aber kann sich solchen elitären Glauben an ein schöneres, besseres Ich im Jahr 1512 nicht mehr leisten. Ihm sind in seiner erzwungenen Einsiedelei die Hände gebunden. »So bleibe ich denn in meinem Lauseloch«, klagt er, »da ich keine Seele finde, die sich meiner treuen Dienste erinnerte oder glaubte, dass ich noch zu etwas nütze sei.«

Missmutig schreibt er Gedichte: »Der Neid zerfrisst mich und vergiftet mir das Leben«, klagt er darin. »Wie nichtig sind doch die im Dienst verbrachten Jahre, / Wie vieles sät man da auf Sand und in die Flut. Und nirgends triumphiert der Undank froher / Als in des Volkes Herzen.«

Noch hofft er, sich mit ungebetenen Ratschlägen bei den Medici anbiedern zu können. Doch im Februar 1513 verliert ein junger Verschwörer auf der Straße eine Liste mit 20 Namen, auf welcher auch der Machiavellis steht. Umgehend findet sich der Staatsdiener a.D. im Gefängnis wieder, den berüchtigten, lichtlosen *stinche*.

Dort warten die Streckbank auf ihn und die Daumenschrauben. Man beschwert ihm Arme und Beine mit Steinen, zerrt ihn am Wippseil zur Decke, um ihn jäh wieder fallen zu lassen, bis die Glieder zu reißen drohen. Sechsmal hält er der Qual stand.

Einen Monat lang schmort er dann im Kerker, zwischen Läusen »so groß und dick, dass sie wie Schmetterlinge scheinen«, in einem Gestank, schlimmer als »in Sardiniens Wäldern«. Dann gibt ihm die Generalamnestie anlässlich der Wahl von Giovanni de' Medici zum Papst Leo X. seine nutzlose Freiheit zurück.

Jetzt wünscht er sich verzweifelt, »die Medici mögen sich bald entschließen, mich zu verwenden, und sei es zunächst nur zum Wälzen eines Steins«. Für eine Beschäftigung würde er nicht zögern, seine Familie zu verlassen: »Ich falle ihr ohnehin zur Last mit meiner Gewohnheit, Geld auszugeben.«

Hier und da ergibt sich eine Gelegenheitsarbeit, reist er als Geldeintreiber für florentinische Kaufleute nach Lucca und Genua, feilscht um Entschädigungszahlungen für verprügelte Landsleute in Venedig, gewinnt wohl auch einmal ein paar Tausend Dukaten im Lotto, ein kleines Vermögen. Er verkuppelt Ehen, dilettiert mit Sonetten und Karnevalsliedern, hat großen Erfolg als Lustspielschreiber, liest in den »Lackmusgärten« der Familie Rucellai Schöngeistern aus seinen Werken vor.

»Ich fühle, dass ich mich verbrauche«, schreibt er an einen Freund. »Lange kann ich's nicht so treiben, ohne vor Armut Abscheu einzuflößen.«

Er schlendert durch die Stadt, vom Ponte Vecchio zum alten Markt, zum Dom. Da stehen die reiferen Herren wie die Krähen, glatt rasiert in den langen schwarzen florentinischen Mänteln und den typischen Kopfbedeckungen mit den langen, über die Schulter geworfenen Zipfeln, den »Schnäbelchen«, und tauschen zotige Schnurren aus. »Ich hoffe, und das Hoffen mehrt die Qual«, klagt er. Und: »Ich bin schon daran gewöhnt, nichts mehr mit Herzen zu wünschen.«

Aber: »Ein Mann darf nicht weinen«, weiß er. Wem die Welt wenig Glück gebracht hat, dem ist es ein Trost, zu glauben, dass er sie durchschaut. Wo Glück eine Ausnahme bildet, ist es schlichter Selbstschutz, nicht zu viel zu erwarten – und dieses Misstrauen auch anderen zu empfehlen. Statt Politik zu machen, beschließt er nun, Politologie zu treiben – ein fader Ersatz, aber immerhin.

Und so setzt er sich schließlich an den Schreibtisch und schreibt ein Buch. »*Il Principe*«, »Der Fürst«, heißt seine Denkschrift. Er widmet sie dem jungen Lorenzo de' Medici. Der ist zwar im Vergleich zu seinem berühmten Großvater gleichen Namens, dem 1492 verstorbenen Lorenzo *il magnifico*, eine eher unbedeutende Gestalt, aber immerhin Neffe des neuen Papstes Leo X. Und, so hofft Machiavelli, als neuer Herr von Florenz in der Lage, ihm wieder eine Stellung zu verschaffen.

Zunächst beeilt sich natürlich Machiavelli, der Besiegte, in den Jubel der Sieger einzustimmen. In seinem Buch malt er den Triumphzug der Medici, der ihn arbeitslos gemacht hat, in biblischen Bildern aus. »Für Euch hat Gott Zeichen und Wunder gesandt«, applaudiert er hoffnungsvoll seinem Fürsten: »Das Meer hat sich aufgetan, eine Wolke hat den Weg hindurch gezeigt, Wasser ist aus dem Felsen geflossen, Manna vom Himmel geregnet – alles hat sich vereint, Euch groß zu machen.«

Vor allem aber gibt er dem jungen Hoffnungsträger eine Reihe guter Ratschläge. Er ermuntert ihn zur schrankenlosen Ausübung seiner Macht – in der Hoffnung, dass ein kleines Stück davon auch für ihn abfällt. Stoisch rühmt er die »Realpolitik«, die ihn zerschlagen hat. Er preist die Treulosigkeit, die Gewalt und die Heuchelei, rechtfertigt den Erfolg der Ruchlosen, den Sieg der Grausamen und die List der Betrüger – mit einem grundlegenden Argument: So ist es, das Leben.

»Ein Fürst soll«, schreibt er etwa, »kein andres Ziel und keinen andern Gedanken haben und sich in keiner andern Kunst üben als im Krieg.« Denn wer regieren will, darf keine Angst haben, »grausam gescholten zu werden, wenn er seine Untertanen einig und treu erhalten will«. Den Fortschrittsglauben der Humanisten kann er nicht mehr teilen: Die Geschichte, so versichert er, vielleicht inspiriert vom Auf und Ab seines eigenen Lebens, tritt auf der Stelle. »Dies ist der Kreislauf, in dem sich alle Staatsgebilde der Welt gedreht haben, drehen und immerdar drehen werden.«

Doch mit derart eisigen Dogmen kühlt Machiavelli in der Ödnis von Sant'Andrea auch seine Wunden. Wie ein Forscher stellt er Regeln auf, findet Konstanten, setzt Axiome: »Wenn ich den Lauf der Dinge bedenke, so finde ich, dass die Welt stets dieselbe geblieben ist.« Und die Menschen sind nun einmal, so hat es das Leben ihn gelehrt, »undankbar, wankelmütig und heuchlerisch«. Sie sind »voll Angst vor Gefahr, voll Gier nach Gewinn«. Die Erziehung des *Homo sapiens* zum Schönen, Guten und Wahren, wie sie den Humanisten vorschwebt, scheint ihm nur noch ein Hirngespinst zu sein.

Machiavellis Amoral ist kein Stolz. Sie ist eine Inventur, die sich zur Nüchternheit zwingt; Buchführung eines Lebens, das grundsätzlich weniger herausgibt, als man hineinsteckt. Moral ist ein Fehler, der sich in die Bilanzen schleicht, der die Ausgaben schönt und die Gewinne überzeichnet. Der den unvorsichtigen Kaufmann dazu verleitet, ethisch über seine Verhältnisse zu leben – und diese Verhältnisse, so werden noch 500 Jahre später die Moralskeptiker der »Dreigroschenoper« achselzuckend feststellen, »sie sind nicht so!«

Schon Machiavellis Vater, der kleine Notar, hat ja diese handfesten Werte gelebt. In seinem Tagebuch notiert er jeden Kauf von Wein, Pilzen oder Schuhen, auch die abgebrochenen Hörner eines Rindes auf dem Landgut in Sant'Andrea. Die Einschulung des Sohnes Niccolò beim Grammatiklehrer Matteo an der Dreifaltigkeitsbrücke, »wovor ich ihm musst geben: 5 Soldi den Monat«. Schon mit zehn Jahren, selbst für Florentiner Verhältnisse früh, lernt Niccolò das Rechnen mit dem Abakus. Und noch jetzt schreibt er Briefe, in denen es immer wieder um Zahlen geht. Genauer: um Geld.

Denn Geld ist das Lebenselixier der Kaufmannsrepubliken von Genua, Venedig und Florenz: Im *Italia bilanciata*, jenem ausbalancierten Italien, das Machiavelli als Ergebnis der geschickten mediceischen Außenpolitik im 15. Jahrhundert rühmen wird, ist schließlich mit *bilancia* dasselbe italienische Wort für Waage enthalten wie in der Bilanz des Kaufmanns. Wirtschaft und Politik sind hier nicht zu trennen. Wer an der Macht ist, nutzt sie, um die Konkurrenten bis zum Bankrott zu besteuern. Und Korruption ist nicht unbedingt ein Verbrechen: Anwärter auf einen Beamtenposten führen ihre Bestechlichkeit geradezu als Qualifikation an, indem sie in der Bewerbung diskret auf hohe Schulden oder viele unverheiratete Töchter hinweisen.

3. Niccolò Machiavelli

Venezianische Kaufleute tragen die Ermordung von Verwandten als ausstehende Schuld ins Hauptbuch ein und vermerken die darauf folgende Blutrache unter »Bezahlt«. Und auch der Krieg ist eine Frage der Finanzen, des Managements: *Maneggiare la guerra* ist das Motto der *condottieri*, der auf eigene Rechnung wirtschaftenden Warlords, die ihre Söldnertruppen mal diesem, mal jenem Herrn andienen und mitunter von Knechten selbst zu Fürsten werden.

Wie moderne Fußballprofis werden die Haudegen in jeder Saison neu angeworben. »Söldner und Hilfstruppen sind unnütz und gefährlich«, gibt zwar Machiavelli zu bedenken: »Im Frieden plündern sie das Land aus, im Krieg der Feind.« Doch nicht den Krieg als Geschäft lehnt er ab, sondern nur den Krieg als schlechtes Geschäft.

Selbst Gott ist ja vom Vater zum Handelspartner geworden: Gute Werke sind ein Wechsel aufs Paradies, Wohlstand ist ein Gnadenbeweis. Nie habe er Gott Kleingeld gegeben, rühmte sich der große Cosimo de' Medici, ohne dafür in großer Münze zurückbekommen zu haben. Die Mechanik aus Geld und Gottseligkeit läuft wie geschmiert. »Die Menschen vergessen schneller den Tod ihres Vaters«, so bringt Machiavelli die allgegenwärtige Gewinnsucht auf den Punkt, »als den Verlust des väterlichen Erbes.«

Wie es ist, will er darstellen; das ist sein Programm. Und gerade deshalb empfiehlt er dem Herrscher die Lüge. Der Schein ist wichtiger als das Sein, schärft Machiavelli den Glänzenden ein: Tugenden seien schädlich, »wenn man sie besitzt und stets ausübt, und nützlich, wenn man sie zur Schau trägt«.

Demütig reiht er sich ein in den Lauf der Welt. Dort läuft er mit. Und deshalb glaubt er die Humanisten abhängen zu können, diese blauäugigen Weltverbesserer und Utopisten, die kein Wissen ohne Tugend würdigen können und keine Logik ohne Ethik. Wenn diese weltfremden Intellektuellen den kultivierten Menschen als Bildhauer begreifen, der sich selbst zum Kunstwerk meißeln soll, dann liegt für Machiavelli der Fehler schon im Material. Und wie die Antimoralisten des 21. Jahrhunderts, die gegen eine »Umerziehung« durch Veggie-Days, CO_2-Preis oder Tempolimits eifern, beharrt er darauf, dass es das Schicksal der Menschheit ist, Block zu bleiben.

Er hat ja die Treulosigkeiten seiner Mitbürger kennengelernt. Also erklärt er sie zum Naturgesetz. Denn nur so kann er sich einbilden, man könne sie berechnen – und also beherrschen. Das bedingungslose Ja, das er im »Principe« den Perfidien der Regierenden entgegenruft, kommt nicht als gelassenes Einverständnis daher, sondern als Triumph der Tränen, als heroischer Verzicht auf jede Hoffnung. Es ist die Anti-Moral eines Gekränkten, ein Schrei durch zusammengepresste Zähne, ein lautes und zugleich kleinlautes Krächzen aus heiserem Hals.

In der Politik sei alles erlaubt, dekretiert er. Es gebe kein Gut und kein Böse – nur taugliche und untaugliche Mittel. Verwerflich sei nur der Mangel an Entschlusskraft – »dass die Menschen weder verstehen, in Ehren böse noch mit Vollkommenheit gut zu sein«.

3. *Niccolò Machiavelli*

Wer aber den ungebrochenen Willen zur Brutalität zeigt, dem schickt Machiavelli seinen Applaus hinterher. Den Siegeszug des gebildeten Gewaltmenschen und Kriegsherrn Cesare Borgia, der seinen Bruder Giovanni aus Eifersucht ermordet haben soll, Kritikern die Zunge herausreißen lässt und seine Gegner abschlachtet, wie es ihm passt, bestaunt er voller Faszination wie ein Gewitter: »Dieser Herr ist wahrhaft wunderbar und prächtig«, schwärmt er.

Und wenn Borgia den Militärgouverneur der Romagna auf dem Marktplatz in zwei Stücke schlagen lässt oder aufsässige Söldnerführer mit Liebeswerbungen in Sicherheit wiegt, um sie dann in einen Hinterhalt locken und erwürgen zu lassen, preist Machiavelli die »bewundernswerte Tat« und erklärt die Schurkerei zu einem Akt bitterer Notwendigkeit: »Cesare Borgia galt für grausam«, schreibt er im »Fürsten«, »und doch hat diese seine Grausamkeit der Romagna Ordnung und Eintracht wiedergegeben und sie zum Frieden und zur Ergebenheit gebracht.« Denn ohne den Nimbus der Grausamkeit »hat noch nie jemand ein Heer einig und schlagkräftig erhalten«.

Bei allen Barbareien komme es nur darauf an, »ob die Grausamkeiten gut oder schlecht angewandt sind«. Und auf das richtige Timing: »Gewalttaten muss man alle auf einmal begehen, damit sie weniger empfunden werden und dadurch weniger erbittern«, empfiehlt er. »Wohltaten dagegen muss man nach und nach erweisen, damit sie nachhaltiger wirken.«

Treue, predigt er seinem »Fürsten«, sei eine Tugend,

die nur für eine Welt voller guter Menschen taugen würde: »Da sie aber schlecht sind und dir die Treue nicht halten würden, brauchst du sie ihnen auch nicht zu halten.« Klug sei es, »sich zu drehen und zu wenden nach dem Winde«. Denn: »Treue Knechte bleiben immer Knechte, und ehrliche Leute bleiben immer arm.«

Machiavellis moralischer Geiz entspricht der materiellen Sparsamkeit, die er seinen hochwohlgeborenen Klienten ans Herz legt. »In unsern Tagen haben wir große Taten nur von denen verrichten sehen, die für knauserig galten«, schreibt er, »die andern sind untergegangen.« Und wenn er den Mächtigen zur Lüge rät (»Ein kluger Fürst kann und darf«, schreibt er, »sein Wort nicht halten, wenn er dadurch sich selbst schaden würde«), ist das nicht einfach eine Frivolität. Es ist ein absichtsvoller Rückschritt hinter die Ideale, die die Humanisten propagieren.

Die haben von den antiken Philosophen ja die Lehre übernommen, dass der Mensch erst in der sprachlichen Verständigung seine Menschlichkeit lebt. Sprache ist für sie eine Frage der Humanität – und folglich eine Sache der Moral: Eine Rhetorik ohne Wahrhaftigkeit ist für sie eine tote Kunst. Für diese Schulmeister des gesprochenen und geschriebenen Worts, diese Erziehungsgläubigen des Cinquecento zählt nur die ganz und gar angemessene sprachliche Form – eine, in der sich die Wahrheit selbst abbildet.

Eine »Sprachpolizei« – die heute womöglich keine Trump-Rede bis zum Schluss anhören könnte und den erbitterten Widerstand von Anti-»Gendergaga«-Gue-

rilleros oder Schokokuss- und Paprikasoßen-Trotz-
köpfen herausfordern würde, die beharrlich behaupten,
Sprache habe keinen Einfluss auf die Wirklichkeit.

Machiavelli aber ist der Wahrhaftigkeit müde. Machiavelli, desillusioniert, rächt sich an den Illusionen dafür,
dass er sie verloren hat. Wenn die Welt ihn nicht haben
will, dann will er wenigstens Recht behalten gegen sie.
Wenn er keinen Erfolg hat, dann soll es nicht an seiner
Dummheit gelegen haben, sondern an der Schlechtig-
keit der Welt. Und die erkannt zu haben, rechnet er sich
als Klugheit zu.

Wie die Anti-Moralisten des 21. Jahrhunderts will er
nicht an etwas glauben, das sein *soll*. Für ihn zählen nur
»Fakten« – wer siegt, wer verliert, wer hat die Macht.
Und er schreibt so, als ergäbe sich schon aus diesen Fakten das, was zu tun ist. Er malt sich seinen Idealfürsten
als eine Art Künstlicher Intelligenz, die mit kühler Ef-
fizienz Input prozessiert und Resultate auswirft. Und
verlässt sich dabei auf den unschuldig-brutalen Charme
einer Politik, die noch ohne Grundsatzprogramme und
abstrakte Zielvorgaben auskommt.

Machiavelli ist ein Aufklärer wider Willen. Geschlagen, schlägt er sich auf die Seite einer Vernunft, die
keine weitere Legitimierung mehr braucht. Er verteidigt
sie gegen die Verfälschung durch moralische Skrupel –
und eicht damit das Urmeter für ein Messsystem, das in
der Moralkritik noch heute in Gebrauch ist. Und wahrhaftig – gibt es ein rationales Argument gegen den perfekten Mord?

Moral sei die Gegenspielerin der Vernunft, heißt es

noch immer – auch wenn es gerade die vernünftigsten, die am gründlichsten recherchierten Positionen sind, die am schnellsten unter Moralverdacht geraten: Ausgerechnet die Klimaschutzbewegung, von der Wissenschaft unablässig mit Tonnen von nahezu einmütig interpretierten Forschungsergebnissen versorgt, muss sich unablässig gegen den Vorwurf der »Moralisierung politischer Konflikte« verteidigen.

Doch Machiavelli will ja nicht die Welt zeigen, wie sie sein soll. Seine Vorschläge spiegeln die Welt, wie er sie erlitten hat. Moral ist ein schöner Traum, aus dem er erwacht ist. Wer gut sein wolle, warnt er, müsse »zugrunde gehen unter so vielen, die nicht gut sind«.

»Der Fürst« ist die Denkschrift eines Verbitterten, eines Zerstörten. Und es ist der trotz allem fast kindliche Versuch der Einfühlung in den Starken, der ihn geprügelt hat – und der eine Macht besitzt, von der Machiavelli, als er das Buch schreibt, weiter entfernt ist als je zuvor. In ihr schimmert ein Muster durch, das wir in den Kraftanbetungen der Moralverächter immer wieder vorfinden: die Identifikation des Getretenen mit dem Aggressor.

Das Recht des Stärkeren wird darin zum Trost des Geschwächten. Der Verlierer macht sich zum Anwalt des Siegers, um wenigstens auf diesem Umweg noch selbst ein bisschen mitzusiegen. Der Entmachtete klammert sich an die Idee einer Macht, die auf keine Moral mehr Rücksicht nimmt.

Nach der Niederschrift des »Fürsten« dauert es acht Jahre, bis Machiavelli die Huld der Medici noch einmal zu winken scheint: 1520 erhält er den Auftrag, eine Geschichte von Florenz zu schreiben. Er nutzt die Gelegenheit zum Kratzfuß vor der Herrscherfamilie: »Nie gab es in Florenz oder selbst in Italien jemanden«, schreibt er etwa über Lorenzo den Prächtigen, »der so für seine Weisheit gerühmt und dessen Verlust so allgemein bedauert wurde.« Und wahrhaftig: Ein Jahr später wird er offiziell politisch rehabilitiert. 1526 beauftragt ihn die Stadt mit der Verstärkung der Befestigungsmauern.

Doch ein Jahr später vertreibt ein Aufstand die Medici von neuem aus Florenz. Machiavelli verliert zum zweiten Mal Amt und Würden. Als er sich um seinen alten Posten bei der neuen Regierung bewirbt, stimmen nur zwölf der knapp 600 Wahlmänner für ihn. Der Vollblutbeamte, der den Medici einst zu republikanisch war, gilt jetzt den Republikanern als Marionette der Medici.

Niccolò Machiavelli ist ein gebrochener Mann. Wenige Tage später fällt er ins Fieber. Noch einmal versucht er es mit der Wissenschaft, schluckt die bewährten Pillen aus Aloe, Kardamom, Safran, Myrrhe, Betonienkraut und Pimpernelle.

Doch am 22. Juni 1527 stirbt er, vielleicht an einer Bauchfellentzündung, vielleicht an einem Magengeschwür. Er ist 58 Jahre alt. Erst fünf Jahre später erscheint »Der Fürst« im Druck. 1559 setzt die Kirche das Bändchen, das schließlich die Politik über den Glauben stellt, auf den kirchlichen Index verbotener Bücher, von dem es erst 1890 wieder verschwindet.

Aber das schmale Werk, knapp hundert Seiten stark, bringt ihm mehr Nachruhm ein als seine politische Kar-

riere. Shakespeares schurkischer Herzog von Glouces-
ter beruft sich in »Heinrich VI.« auf den »mörderischen
Machiavell«, Rousseau und Nietzsche feiern ihn, Dikta-
toren und Demokraten lernen von seinen Ratschlägen.
Und so wird sein »Fürst« geradewegs zum Gebetbuch
für den Kult des »Renaissancemenschen«.

So wird der »arme Machiavelli« Jahrhunderte nach
seinem Tod noch zum Sieger der erkälteten Herzen –
und sein Brevier zum Skript für jenen Traum von glo-
rioser Rohheit, als der die Zeit der Renaissance seither
durch die Jahrhunderte spukt. Für einen Traum, der bevorzugt die Seelen von Menschen heimsucht, denen das
Leben die Glorie verwehrt – und die sich dann notge-
drungen mit der Rohheit zufriedengeben müssen.

Ein eindrückliches Exemplar dieser Sehnsüchtigen
wird Thomas Mann in seinem Roman »Doktor Faus-
tus« vorführen. Dort tritt »ein gewisser Dr. Helmut
Institoris, Ästhetiker und Kunsthistoriker« auf, Privat-
dozent für »die Theorie des Schönen und die Baukunst
der Renaissance«, im akademischen München der Jahre
1913/1914. Und auch er denkt bei dem Zauberwort »Renaissance« weniger an die Zivilisationsprojekte eines
Petrarca, eines Leonardo oder Erasmus von Rotterdam
als an das Blut- und Prunk-Festival der Medici und Borgia.

Institoris sucht eine Frau, und zwar möglichst eine,
die er »ganz von sich abhängig zu wissen« imstande ist.
»Von Stärkegefühl zeugt das nicht, und Institoris war in
der Tat kein starker Mann«, bemerkt der Erzähler, »was
sich auch an der ästhetischen Bewunderung erkennen

ließ, die er für alles Starke und rücksichtslos Blühende hegte.«

Mit seiner »klein angelegten« Statur, dem trippelnden Gang, der leisen, lispelnden Stimme und dem zarten Blick hinter den golden gefassten Brillengläsern gehört er, so verrät uns Mann, »dem von jenen Jahrzehnten gezüchteten Typ an«, der, »während ihm die Schwindsucht auf den Wangenknochen glüht, beständig schreit: Wie ist das Leben so stark und schön!«

Schwindsüchtig ist Institoris nicht. Aber »zart und nervös war er, litt am Sympathikus, dem Sonnengeflecht, von dem so viele Beängstigungen und verfrühte Todesgefühle ausgehen, und war Stammgast eines Sanatoriums für reiche Leute in Meran«. Schließlich heiratet er ausgerechnet die zierliche Ines Rodde mit ihrem schweren Haar, ihrem zarten Hals, ihrem gespitzten Mund und ihrem »Moralismus«. Und die kann seiner »schulmäßigen Glorifizierung des ›Lebens‹ in seiner prangenden Unbedenklichkeit« und einer Zeit, die »von Blut und Schönheit geraucht« haben soll, erwartungsgemäß nicht viel abgewinnen.

Gleich nach der Hochzeit beginnt sie eine Affäre mit einem »knabenhaften Frauenliebling« und Konzertgeiger – und streckt ihn, als er mit einer anderen nach Paris gehen will, in der Tram zwischen Theresienstraße und Schwabing mit Revolverschüssen nieder. Und so begeht ausgerechnet sie den maßlosen, renaissancemenschlichen Willkürakt, der dem zarten Institoris nicht einmal in den Sinn käme.

Sie verschwindet in der Psychiatrie, und der Erzähler

ist es, der »ihren kleinen Gatten« über die Geschehnisse informieren muss.

»So also«, murmelt der zur Antwort, »sollte es kommen.«

Machiavelli aber überlebt seine Heiligsprechung. Und noch im dritten Jahrtausend stählen Ratgeber-Bücher wie »Machiavelli for Moms« oder »Machiavelli für Manager« moderne Zynikerinnen und Skrupelverdränger für das Überleben in Familien- und Wirtschaftskriegen, in denen jedes Mittel erlaubt ist.

Nur keine Sentimentalität.

4. Marquis de Sade

»Ich meinte, alles
müsse sich mir fügen«

Noblesse oblige. Er tut nur seine Pflicht. Das ist harte Arbeit: Unmoral, das muss der Marquis schon früh im Leben erfahren, ist kein Spaß.

Aber er hat einen höheren Auftrag. Seine Pflicht folgt einer »heiligen Stimme«, wie er es nennt. Sie unterwirft sich der einzigen Einrichtung, die noch älter ist als sein Adel: der Natur.

In deren »wahrem Gesetz« ist Grausamkeit nicht nur erlaubt, sondern zwingende Vorschrift. Das landläufig Böse – »Prostitution, Ehebruch, Inzest, Vergewaltigung und Sodomie« bis hin zum »Kindesmord« – ist vor ihr nicht bloß entschuldigt: Es ist, würde der Marquis einen solchen moralischen Begriff überhaupt in den Mund nehmen, das eigentlich Gute.

Deshalb gibt es »nichts Gefährlicheres«, warnt er, »als Mitleid und Wohltätigkeit«. Und jede Moral, jeder Altruismus, jede Rücksicht und jedes Almosen sind folglich »ein wahres Verbrechen gegen die Naturordnung«.

So verkündet es im Jahr 1785 der Marquis Donatien Alphonse François de Sade. Es gibt nicht viele, die ihn hören, denn er spricht hinter meterdicken Mauern: Er ist Gefangener in der Bastille von Paris. Die »Vergnügungen der Grausamkeit«, die er beschwört, stehen ihm nicht mehr zur Verfügung, sondern bestenfalls seinen Wärtern. Und von der Natur, seiner verehrten gnadenlosen, kalt lächelnden Natur, die draußen Kinder tötet und verheerende Lava spuckt, trennt ihn ein Paravent aus Stein.

Irgendwo da draußen, in den Straßen, spielt vielleicht eine Katze mit einer Maus. Sie wartet, bis die angststarre Beute sich bewegt, dann schlägt sie zu, mit kühl dosierter Wucht, die das Opfer gerade noch am Leben lässt. Dann wartet sie wieder, mit schräggelegtem Kopf und unschuldigem, neugierigem Gesicht. Die Maus flieht, die Katze macht einen Satz und hat sie wieder. Das Spiel geht von vorne los und hört nicht mehr auf.

Noch weiter draußen, jenseits der Stadtgrenzen, pickt wahrscheinlich genau jetzt ein Rabe einem kleinen Hasen die Augen aus. Und irgendwo auf dem Erdball dezimieren auch in diesem Moment Erdbeben, Überschwemmungen, Seuchen und Krebs das Menschengeschlecht.

Wenn der Marquis an die Natur denkt, schwebt ihm eine Welt vor, die sich seit Jahrmillionen kaum verändert hat. Eine Welt, in der die Rollen klar verteilt sind: Die Starken quälen, und die Schwachen werden gequält. Und jeder Unterdrückte, der sich wehrt, begeht ein Verbrechen gegen diese Natur: »Sie schuf ihn, um Sklave und arm zu sein«, wird er eine seiner Romanfiguren verkünden lassen, »er will sich nicht unterwerfen, das ist sein Unrecht.«

Denn die Natur kennt keine Moral – und sie hat immer Recht. Ihre teilnahmslose Allgegenwart ist ein

Trost für die Opfer der Zivilisation. Denn die Zivilisation ist unordentlich und unberechenbar; sie bewegt sich mit jeder Regung der Geschichte; sie ist quecksilbrig, veränderlich, nicht zu greifen. In ihr werden Macht und Ohnmacht immer neu ausgehandelt, finden Kompromisse, wechseln die Position. Das Unterste kommt nach oben, die Ersten werden die Letzten sein. In der Natur aber bleibt der Wolf der Wolf und das Schaf das Schaf.

Ihr einziges Problem ist der Mensch. Denn im Lauf des Zivilisationsprozesses haben sich in dieser Missgeburt, so fürchtet der Marquis, Barmherzigkeit, Mitleid und Güte so tief verankert, dass sie sich »nur schwer auslöschen« lassen. Wenn man nicht aufpasst, folgt dieser Mensch dann nicht dem erhabenen Ruf der Grausamkeit, sondern seinem »Herzen« – dem »falschesten Führer, den wir von der Natur empfangen haben«.

Es gilt also, wachsam zu sein.

Verglichen mit der klaren Ordnung der Natur ist die Gesellschaft, in der Sade lebt, jedenfalls auf beklagenswerte Art aus den Fugen geraten. Er, der Marquis, ist ja ein Aristokrat, ein Starker, ein »Bester« im Sinn der alten Griechen, die das Wort »gut« als Synonym für »vornehm« benutzt haben sollen. Wie kann es sein, dass er jetzt im Gefängnis sitzt und betteln muss, um seine Notdurft verrichten zu dürfen – das einzige Stück Natur, das ihm noch geblieben ist? Nicht einmal die Katze, die nach den Vorschriften der Natur ihre Beute schlägt, ist hier zur Stelle, wenn man sie braucht. »Nicht nur werde ich den ganzen Winter kein Feuer machen können«, jammert der Marquis aus dem Kerker, »sondern ich werde außerdem noch von Ratten und Mäusen aufgefressen.«

Es ist nicht sein erster Aufenthalt hinter Gittern. Es ist auch nicht sein letzter. Einunddreißig Jahre, fast die Hälfte seines Lebens, verbringt er in Straf- und Irrenanstalten, in Armenhäusern und unter Hausarrest. Die Französische Revolution beschert ihm drei Jahre Freiheit. Dann wieder Gefangenschaft: unter Robespierre, unter Napoleon und Ludwig XVIII. Die letzten 14 Jahre in der Irrenanstalt von Charenton: ein müder, asthmatisch keuchender, monströs verfetteter Mann mit Halbglatze, ziehharmonikafaltigen Tränensäcken und krötenhaftem Kinn.

Sein Elend hat mit der Verhaftung nicht begonnen. Schon von Geburt an ist er ein Abgehängter. Denn sein Leben lang schon prellt die Welt ihn um seine Privilegien. Und das heißt: um seine Natur.

Ginge es nach der Natur, wäre er vielleicht noch in Freiheit. Wäre die heilige Hackordnung noch intakt, hätte der Hochadel, dem er angehört, noch immer unbeschränkte Befehlsgewalt über Menschen, über Ländereien und Vieh, über Recht und Gesetz. In jener versunkenen Welt wäre es unwahrscheinlich, dass die kleinen Kapriolen des Marquis einen Richter gefunden hätten.

Noch zu Beginn der Neuzeit scheint diese natürliche Ordnung für die Ewigkeit gefügt. Dann, zwischen 1600 und 1800, treten die Kaufleute, von der Ausplünderung der Kolonien reich geworden, zu den adeligen Gutsherren in Konkurrenz. Der ewiggleiche Gang der Dinge, der sich im Kreislauf der Jahreszeiten auf der Stelle drehte, verwirbelt und verfranst sich in den nimmermüden, zuckenden, mäandernden Strömen des beweglichen Kapitals.

1643 besteigt Ludwig XIV. den Thron, der »Sonnenkönig«. Er umgibt sich mit einer neuen Ordnung, die später »Absolutismus« heißen wird – und mit einem stetig wachsenden Staat, dessen Schwerpunkt sich immer exklusiver auf das Pariser Zentrum ausrichtet.

Zwar hört auch der Absolutismus nicht auf, Kriege zu führen. Trotzdem verfügt er über zivilisatorische Energie. Mit Hilfe der Bürokratie, von Gerichten, Verwaltung und Polizei impft die Obrigkeit nicht nur den Bürgern Disziplin ein, sondern auch sich selbst. Mit solchen neuen Verlässlichkeiten wächst der moderne Zentralstaat, der, wie es Norbert Elias zeigt, auch der Willkür der Gewalt immer engere Grenzen setzt.

Der wachsende Staat, zunehmend gierig auf der Jagd nach Geld, verkauft den Reichsten der *nouveaux riches* wohlklingende Adelstitel – und degradiert gleichzeitig die alte Aristokratie zum folkloristischen Rest. Die Hüter der alten Tradition von Oben und Unten, heillos über das Land verstreut und mühsame Tagesreisen vom immer mächtiger werdenden Zentrum der Macht entfernt, verlieren dramatisch an Einfluss. Politik macht jetzt nur noch die rund tausend Köpfe starke Elite des »Amtsadels«, jene aufgestiegenen Bürger, die für ihre Titel mit profanem Geld bezahlt haben.

Aristokraten, die trotzdem noch einen Zipfel der Macht zu packen bekommen wollen, müssen sich nach

Versailles bequemen. Dort, sechs Fußstunden westlich der Hauptstadt, regiert der König in seinem Schloss. Mit dem Glanz und dem Luxus, die er ihnen dort aufbürdet, zähmt er die Deklassierten, bindet sie an sich und demütigt sie zugleich.

Hier müssen sie Männchen machen und durch Reifen springen. Sie müssen komplexe Regelwerke auswendig lernen und die gnadenlosen Gesetze der Etikette, deren Einhaltung die Nähe zum Monarchen und folglich Status und Karriere beeinflussen kann. Die Aristokraten, einst Krieger und Göttinnen – jetzt nur noch »gekrönte Sklaven«, wie Liselotte von der Pfalz, Schwägerin des Sonnenkönigs, sie süffisant nennt. Und weil die hundertgängigen Hofbankette, die üppigen Pensionen, die ausufernde Bürokratie und die Kriege des Königs immer mehr Geld kosten, soll der Adel, so schlagen die königlichen Berater 1756 vor, jetzt infamerweise auch noch Steuern zahlen.

In dieses Frankreich, das die zum Herrschen Geborenen entthront und zu einem Marionettentheater in Rokoko-Kostümen zusammenpfercht, wird Donatien Alphonse François de Sade am 2. Juni 1740 geboren. Wenn es irgendwo noch wirklich alten Adel gibt, dann in seiner Familie: Eine Vorfahrin aus dem 14. Jahrhundert, Gattin eines Hugues de Sade, soll sogar jene Laura gewesen sein, die dem Dichter Petrarca den Kopf verdrehte. Ein Stammbaum, noch länger als sein Vorname – und der den kleinen Sade eine Kindheit lang in der Illusion wiegt, sein Stand regiere noch die Welt.

»Durch meine Mutter mit allem verbunden, was es

an Größtem im Königreich gab; durch meinen Vater an allem teilhabend, was die Provinz Languedoc an Vornehmstem hatte; geboren in Paris im Schoße des Luxus, wähnte ich, kaum, dass ich denken konnte, die Natur und das Schicksal hätten sich vereint, mich mit ihren Gaben zu überschütten«, wird er seinem Alter Ego in einem Roman mit koketter Klarsicht in den Mund legen. »Ich glaubte dies, weil man so töricht war, es mir zu versichern, und dieser lächerliche Dünkel machte mich übermütig, despotisch und jähzornig; ich meinte, alles müsse sich mir fügen, jedermann müsse meinen Launen gehorchen und ich allein sei berechtigt, sie zu haben und zu befriedigen.«

Dem untertänigen Defilee der Aristokratie, das Tag für Tag in Versailles antichambriert, bleibt er stoisch fern. Er meidet die beschämenden Ballette, bei denen die Edelsten morgens um Punkt Viertel nach acht zu Ludwigs Morgentoilette antanzen, um dann, zur Puppe erstarrt, zuzuschauen, wie der König zum Frühstück seine gebratenen Fasane vertilgt, seine getrüffelten Rebhühner, seine gezuckerten, mit Nelken gespickten Schinken. Mit der Kapitulation seiner Standesgenossen, die jetzt in den Glasflächen des berühmten Spiegelsaals den Anblick ihrer eigenen Kratzfüße ertragen müssen, ihrer eigenen Verbeugungen, ihrer kiloschweren, gepuderten Perücken, will er nichts zu tun haben.

Dafür findet er sich, fast gegen seinen Willen, in eine Lebensweise genötigt, die seine Bewunderer womöglich »Zügellosigkeit« nennen werden. Dabei ist es ein eiserner Gruppenzwang, eine strenge libertinistische

Etikette, die sich die Aristokraten seiner verlorenen Generation auferlegen. *Noblesse oblige!* Und so stürzt er sich wie seine *peers* in die obligaten Spielschulden, die Duelle und Bordelle – und die ungeschriebenen, aber lebensnotwendigen Kontrakte mit ausgehaltenen Kurtisanen.

Das sind magische Rituale, die eine untergegangene Zeit heraufbeschwören. »Es gibt da einen Traum, der den meisten jungen Aristokraten dieser Zeit gemeinsam war«, so wird Simone de Beauvoir sie 1950 in ihrem (durchaus nicht sympathiefreien) Essay »Soll man de Sade verbrennen?« analysieren: »Als Sprösslinge einer absteigenden Klasse, die einmal wirkliche Macht besaß, die aber die Welt nicht länger in Griff halten konnte, versuchten sie symbolisch, in der Abgeschlossenheit des Schlafzimmers, den Status wiederzubeleben, nach dem sie sich zurücksehnten: den des einsamen und souveränen Feudaldespoten.«

Ob das berüchtigte »Recht der ersten Nacht« für Adelige jemals juristische Wirklichkeit war, ist unter Historikern umstritten. Dem jungen de Sade jedenfalls ist der barrierefreie Zugang zu Frauenkörpern, den ihm die Mythen seines Stands vorgaukeln und abfordern, nicht vergönnt. Eine provenzalische Adelige namens Laure de Lauris, die er partout heiraten möchte, lässt ihm durch ihren Vater ausrichten, sie habe noch einen anderen Galan und stehe dem Marquis auch für die Ehe nicht zur Verfügung.

Nicht einmal für Geld ist die Exklusivität der sexuellen Dienstleistung zu haben. Verbittert erfährt er, dass die 18-jährige Schauspielerin Colette, für deren Gefälligkeiten er ihr 25 Louisdor Unterhalt im Monat zahlt, ähnliche Arrangements mit mehreren anderen Männern unterhält. Und auch die 24-jährige Mademoiselle Beauvoisin, die er mit drei Männern teilen muss und für die er sich komplett verschuldet, verlässt ihn: »Sie Monstrum!«, kann er ihr nur noch erschöpft hinterherschimpfen.

Um ihren finanziellen Abstieg aufzuhalten, verheiratet seine Familie ihn schließlich mit der 22-jährigen Renée-Pelagie de Montreuil, Tochter des Präsidenten des Pariser Steuergerichts. Der gehört zwar nicht dem alten Hochadel, sondern nur dem erst vor kurzem nobilitierten Robenadel an, verfügt aber dafür über ein bedeutendes Vermögen und beste Kontakte nach Versailles. Doch es bleibt eine Ehe weit unter Stand – von der der Marquis außerdem, wie es einer seiner Biographen ausdrückt, nur äußerst »sparsamen Gebrauch« macht.

Seltsam apathisch, geradezu ängstlich taumelt Sade durch seine schwindende Welt. Sicher fühlt er sich nur dort, wo die Hierarchie noch fest gefügt scheint. In Gesellschaft von Arbeiterinnen und Prostituierten trumpft er auf, wird er zum Löwen, zum Wolf. Bei ihnen vergisst er die erotischen Niederlagen und den sinkenden Rang seines Standes. Im kleinsten Kreis demonstriert er dort seine Macht – die er sich aus den goldenen Zeiten entleiht, als seinesgleichen noch die Erde untertan war.

Mit Trieb und Begehren hat das nicht viel zu tun. Nicht um Verlangen geht es dem Marquis, sondern um

Überwältigung. »Es gibt keinen Menschen, der nicht ein Despot sein will, wenn er fickt«, lautet sein Motto. Gewalt ist für den betäubten Halbgott ein wiederbelebender Akt, der ihm wie einem Kind, das ein Spielzeug zu Boden wirft, die Idee der eigenen Selbstwirksamkeit zurückgibt und ihn »heftiger berührt als Wollust«.

Im Oktober 1763 schleppt Sade die schwangere Arbeiterin Jeanne Testard in sein Geheimverlies, masturbiert vor ihr auf ein Kruzifix und zwingt sie mit vorgehaltenem Degen, die Christusfigur mit Füßen zu treten und sie obszön zu beschimpfen. Die Arbeiterin läuft zur Polizei, Sade wird verhaftet und kommt nach einem Reuebrief (»Ich habe Gottes Rache verdient«) mit milden 14 Tagen Gefängnis und vorübergehender Verbannung auf sein Landschloss davon.

Am Ostersonntag des Jahres 1768 fesselt er in Paris die 36-jährige Witwe und Bettlerin Rose Keller auf ein Kanapee, peitscht sie mit Gerte und Knotenstrick und stößt schließlich, so Keller, »schrille und schreckliche Schreie« aus. Mit Hilfe zweier zusammengeknoteter Betttücher kann die Gequälte sich in den Garten abseilen, entkommen und den Marquis anzeigen – doch dessen Schwiegermutter, die über einflussreiche Beziehungen bei Hof verfügt, nötigt die Gequälte mit einem Schmerzensgeld, die Klage zurückzuziehen, und überredet den König, den Marquis zu begnadigen.

Nur als anti-moralische Demonstrationen, als nihilistisches Voodoo erfüllen diese Rituale einen Sinn. Hier zählt nicht die Lust des Fleisches, sondern nur dessen Zerstörung. Nicht der Taumel der Ekstase beglaubigt den Exzess, sondern erst der Blutrausch. Und weil kein Mensch so schutzlos ist wie einer, der nackt ist, findet der Marquis im Sex den willkommenen Vorwand, Menschen zur maximalen Verletzlichkeit zu entblößen.

So sind es auch nicht die Frauen als geschlechtliche Geschöpfe, an denen der (vermutlich vorwiegend homosexuelle) Marquis sein aristokratisches Mütchen kühlt. Es ist die Frau als Sklavin; die Frau, die in Sades Hierarchie »einen niederen Grad des Mannes bildet« und deren Abstand zu diesem so groß ist wie der »zwischen dem Menschen und dem Affen in den Wäldern«. Der Krieg, den er gegen die Frauen führt, ist ein Unterwerfungskrieg – und er gilt nicht zuletzt ihrer Rolle als Allegorie der Moral.

Das heißt: Er gilt dem Kostüm, mit dem die Gesellschaft das weibliche Geschlecht ausgestattet hat. Er gilt dem Heiligengewand, in dem die Frau seit jeher durch Mutter- und Madonnenkulte geistert und durch die Schriften von Sades Antipoden Jean-Jacques Rousseau. Er gilt den Gloriolen der Friedfertigkeit, der Empathie und der Güte, mit denen Generationen von Männern die Frauen bekränzt haben: So rächt er sich an ihnen stellvertretend für die Zivilisation, die ihm seine Standesprivilegien gestohlen hat.

Unter Sades Peitschenhieben, den wirklichen wie den eingebildeten, müssen sie die humanitären Klischees büßen, mit denen die Männer sie umstellt und in ihre Care-Reservate weggesperrt haben. In seinen Folterkammern leiden sie für das Stigma der Gefühlsduseligkeit, mit dem noch die Moralkritiker des 21. Jahrhunderts Frauen wie Angela Merkel, Luisa Neubauer, Carola Rackete oder Annalena Baerbock brandmarken.

So muss die moralisch gesinnte Heldin seines »philosophischen Romans« namens »Justine« allerlei menschliche Bosheit erdulden, wird ausgiebig gefoltert und geschändet. Und wenn sie schließlich, Rache der missachteten Natur, an ihrer Frömmigkeit zugrunde geht und vom Blitz erschlagen wird, muss sie nicht nur Religion und Marienkult büßen, sondern auch die vertraute schwarze Phantasie weiblichen Martyriums bedienen, die noch im Hass auf Greta Thunberg nachklingen wird – die, als wünsche oder prophezeie man auch ihr den Scheiterhaufen, immer wieder als »moderne Jeanne d'Arc« gefeiert und verdammt wird.

Sade bemüht sich, wie es für Aristokraten Pflicht ist, um einen Stammbaum. In seiner »Philosophie im Boudoir« feiert er einen zeitgenössischen Seelenverwandten, den Grafen de Charolais, der zum Spaß Dachdecker vom Dach geschossen, Kutschpferde auf Mönche losgehetzt und einen Bediensteten getötet haben soll, um dessen Frau für sich zu haben. Und in seiner »Nouvelle Justine« vergöttert er den Seigneur und Marschall Gilles de Rais, der Mitte des 15. Jahrhunderts in seinen Burgen in Nordwestfrankreich über hundert Kinder an Haken hängte, sexuell missbrauchte, verstümmelte und zu Tode folterte – und kein anderes Motiv angeben mochte als sein aristokratisches Privileg.

Doch weder mit der schrankenlosen Willkür des Barons de Charolais noch mit der archaischen Grausamkeit des Seigneurs de Rais können die Unartigkeiten des Marquis de Sade sich messen. Seine Barbareien sind Happenings, Performances verlorener Macht, verzweifelte Reenactments alter Adelsherrlichkeit – die freudlose Feier jener »unaussprechlichen Reize«, die, wie er schreibt, »der Despotismus verschafft«.

Er hat ja die Philosophen der Aufklärung gelesen. Er kennt seinen Diderot und seinen Voltaire, kichert dünn über deren moralisch grundierte Vernunft. Auch für den Schwärmer Jean-Jacques Rousseau, der den Menschen für grundsätzlich gut hält, hat er nur Spott übrig. Zwar sehnt auch Sade sich *zurück zur Natur* – aber nicht in Rousseaus sanften Kindergarten Eden, sondern auf den Hobbes'schen Kriegsschauplatz des Fressens und Gefressenwerdens, der Giftspinnen und Vulkanausbrüche, des Egoismus und des Verrats.

Im Juni 1772 organisiert er mit seinem Diener und vier Prostituierten in Marseille eine weitere seiner nostalgischen Orgien. Zum Einsatz kommen die neunschwänzige Katze sowie Kantharidin-Pralinen, die anregende Wirkung haben sollen, aber zwei der Frauen mit schweren Vergiftungssymptomen zurücklassen. Auf ihre Anzeige hin verurteilt ein Gericht in Aix Sade und den Diener wegen versuchten Giftmords und »Sodomie« zwischen den beiden Männern zum Tod – doch der Marquis setzt sich rechtzeitig nach Italien ab.

In Savoyen wird er gefangen genommen. Doch nach vier Monaten Festungshaft in der Zwingburg Miolans kann er durch ein Latrinenfenster schlüpfen und auf sein Schloss La Coste zurückkehren. Dort arrangiert er bald darauf ein neues Folter-Exerzitium, dem er fünf minderjährige Mädchen und einen knabenhaften »Sekretär« unterwirft. Der Missbrauch fliegt auf, und der Marquis wird von neuem verhaftet.

So verbringt de Sade die letzten elf Jahre des Ancien Régime hinter Gittern. Und je strammer ihm die Hände gebunden sind, desto inbrünstiger malt er sich ein Leben als Starker aus, der allein deshalb nicht nur das Recht, sondern die Pflicht habe, die Schwachen zu quälen und die Moral zu schänden. In dem steinernen Sarkophag, in dem ihn der Staat begraben hat, singt er heisere Hymnen der Vitalität und der Kraft. Doch wie viel Kraft bleibt einem übrig, der eingesperrt ist?

In den Verliesen packen ihn Anfälle von Jähzorn und Paranoia. Fiebrig fahndet er in Briefen nach Zahlensymbolen, aus denen er die Dauer seiner Haft auszurechnen hofft, verdächtigt seine Schwiegermutter, absichtlich falsche Zahlen einzufügen, um ihn zu entmutigen. Er wird zum zänkischen Querulanten, beschimpft bei jedem Besuch seine Frau, das letzte Wesen, das ihm noch gehorchen mag. Und gleichzeitig sublimiert er dort, hinter meterdicken Mauern, die anachronistische Feier feudaler Gewalt ins Geistige: vom Fleisch in die Schrift.

Womöglich schwebt ihm auch dabei eine Tat der Willkür vor. Tatsächlich hat er keine Wahl. Er *muss* die Moral verachten, denn nur so kann er sich über sie erhaben fühlen. Nur die Feier absoluter Herrschaft kann eine Überlegenheit beglaubigen, die längst keine Grundlage mehr hat. Seine Tabubrüche sind keine Akte des freien Willens, sondern, wie er selbst bekennt, innerer Zwang: »Ich komme also gegen sie gar nicht an.«

4. Marquis de Sade

1784 verlegt man ihn in die Pariser Bastille. Hier hat er, gegen 2400 Livres »Pensionskosten« im Jahr, immerhin ein ordentliches Bett und anständiges Essen. Und hier schreibt er auch, mit winziger Schrift auf einer elf Zentimeter breiten und zwölf Meter langen, aus einzelnen Blättern zusammengeklebten Papierrolle, seine berüchtigten »120 Tage von Sodom«.

Wie der Blitz, der die fromme Justine trifft, soll das Buch in die Welt fahren – doch es liest sich eher wie eine endlose Akte aus dem Amt für Leibesübungen, eine Excel-Tabelle der Grausamkeit – kurz: ein Werk von monumentaler Langeweile. Auf einem einsamen Schloss arbeiten ein Herzog, ein Bischof, ein hoher Richter, ein Steuerpächter und deren vier Ehefrauen, dazu vier »Kupplerinnen«, acht »Bediener«, vier Aufseherinnen, sechs Köchinnen und Dienerinnen, außerdem sechzehn Knaben und Mädchen einen Monat lang täglich fünf verschiedene Perversionen vom 30-Tages-Plan ab. Doch die Variationen sind bald ebenso erschöpft wie die Libertins.

So steht der Autor in der Not, immer konstruiertere und unwahrscheinlichere Formen von Sexualfolter und Ritualmord zu entwerfen, um seine Protagonisten noch ein weiteres Mal in Bewegung zu setzen. So werden seine Figuren zu Automaten im Geist des Ingenieurs Jacques de Vaucanson, eines Günstlings König Ludwigs XV.: Der hat etwa einen mechanischen Flötenspieler gebaut, der ein Repertoire von zwölf Liedern hat und sich dank einer mechanischen Stiftwalze und eines Schneckengetriebes drehen und zur Seite bewegen kann, oder eine mechanische Ente aus mehr als 400 beweglichen Einzelteilen »von vergoldetem Meßing und Stahl«, wie es in einem zeitgenössischen Bericht heißt, die frisst, verdaut und »einen ordentlichen Koth von sich gibt« sowie »schnadert und alles dasjenige verrichtet, was eine natürliche Ente thun kann«.

In den schmerzvollen Arrangements, die der Marquis erst physisch in Szene setzt, später in Worten ausmalt und noch später zur Philosophie aufbläst, wird auch der Mensch zu einer solchen mechanischen Ente. Er durchläuft Fertigungsstraßen der Pein, ratternde Apparaturen der Erniedrigung. Er fügt sich in Ingenieurswerk, eine pedantische, mit dem Zirkel konstruierte Welt aus Katheten, Ankatheten und Hypotenusen, in pure, aber störungsanfällige Geometrie: Nicht nur die Moral brächte die Apparatur unweigerlich aus dem Takt, sondern auch jedes Gefühl und jede Spontaneität – und jeder Humor: Im Menschenzoo der »120 Tage« herrscht tierischer Ernst.

Denn die Konvulsionen des Zwerchfells sind Erschütterungen, unter denen Sades penibel gebaute Menschenpyramiden sofort kollabieren würden: In der »Hausordnung«, die er seinen Protagonisten auferlegt, gilt deshalb »das geringste Lachen« als schwere Verfehlung und muss als »Profanierung« bestraft werden.

Und in all ihrer Hölzernheit sind Sades qualvolle Choreographien vielleicht auch eine Art karnevalistischer Rache: feindselige Zerrbilder des Adelszirkus von Versailles, der die Aristokratie gezähmt und zu Lakaien gemacht hat. Wie die Perücken, Uniformen, Märsche

4. Marquis de Sade

und Orden der rheinischen Jecken, die wahlweise das preußische oder das französische Militär persiflieren sollen, parodieren die Sade'schen Sex-Marionetten womöglich die Kratzfüße und Verbeugungen, die Sarabanden, Gavotten und Passepieds der royalen Bälle, das ganze höfische Puppentheater, mit dem der König sich die Zeit vertreibt.

Lassen sie sich nicht als finstere Karikaturen der Schlossetikette lesen, die bestimmt, welche Dame bei welchem Anlass stehen und welche sitzen muss; wer wen wo ansprechen darf und wer wann zu schweigen hat, für wen ein Kopfnicken reicht und vor wem der Hut gelüftet werden muss, für wen beide Flügeltüren zu öffnen sind und für wen eine genügt? Sind sie nicht ebenfalls Funktionen, wie sie in Versailles jedem Höfling seinen Platz zuweisen: hier der Großkammerherr, der dem König das vorgewärmte Hemd reicht, dort der Verwahrer der königlichen Halsbinden und der »Halter des königlichen Nachttopfs«, der ergeben strammsteht, während der Monarch auf seinem »duftenden Thron« Besucher empfängt?

Sades Gliederpuppen sind willenlose Soldaten der immer siegreichen Natur. Mit eiserner Disziplin gehorchen sie dem Laster blindlings wie dem Befehl eines Feldwebels. Ihre Motivation hat sich im Drill aufgelöst – und deshalb erinnern die dornigen Manöver, in die der Marquis seine halluzinierte Infanterie zwingt, auch eher an den Exerzierplatz als ans Lotterbett.

Dabei ist das Leben, das der gefangene Marquis in seinen »120 Tagen« herbeiphantasiert, alles andere als die

»Utopie einer Welt herrschaftsfreier Lust«, die ihm ein Philosophielexikon unterstellt. Sie ist das Gegenteil: die Dystopie der totalen Ordnung. Eine Welt, in der keine Moral die hergebrachte Herrschaft gefährdet; in der Männer über Frauen, Reiche über Arme, Herren über Sklaven bedenkenlos verfügen, sie foltern und töten. Nicht Utopie, sondern Dystopie – eine phantasmagorische Übersteigerung eben jenes Kerkers, in dem der Marquis jetzt sitzt.

Am 4. Juli 1789, zehn Tage vor dem Sturm auf die Bastille und dem Ausbruch der Revolution, fleht er durch ein mit einem Trichter versehenes Rohr, durch das er sonst in den Festungsgraben zu pinkeln pflegt, aus seinem Zellenfenster Passanten um Hilfe an: Angeblich drohe ihm die Hinrichtung. Ein Gerücht, dessen Zirkulation der Gouverneur angesichts der explosiven Stimmung in der Stadt lieber unterbinden will.

Zur Sicherheit wird der Gefangene in die Irrenanstalt Charenton verlegt. Als er dort am Karfreitag des Jahres 1790 entlassen wird, ist er ein Wrack, unmäßig aufgequollen, dem Leben entfremdet. Die Freiheit verstört ihn, und seine Artgenossen erscheinen ihm noch unverständlicher als zuvor. Seine Frau hat sich in ein Kloster zurückgezogen, weigert sich, ihn zu empfangen, erwirkt dafür die Scheidung und üppige Unterhaltszahlungen.

»Ich war den Menschen nie mehr abgeneigt«, grollt er später, »als gerade in jenem Augenblick, da ich zu ihnen zurückkehrte.«

Tatsächlich: Wenn schon der Absolutismus für den

Aristokraten eine Demütigung war, hält die Republik noch mehr Beschämung für ihn bereit. Um nicht unangenehm aufzufallen, muss er sich jetzt als vorbildlicher *citoyen* benehmen, schließt sich zur besseren Tarnung der »Section des Piques« an, einer revolutionären Ortsgruppe in Paris, wird sogar 1793 deren Präsident. Trotzdem wird er im Dezember desselben Jahres unter dem Vorwand angeklagt, sich einmal um den Dienst in der königlichen Garde beworben zu haben. Schließlich landet er in der Anstalt Picpus, einem ehemaligen Kloster, in deren Garten ein Massengrab für die Opfer der Guillotine ausgehoben wird. Und am 26. Juli 1794 verurteilt das Revolutionstribunal auch ihn zum Tod.

Er hat Glück: Einen Tag später werden die beiden Oberjakobiner Robespierre und Saint-Just gestürzt und tags darauf mit zwanzig weiteren Radikalen zur Guillotine geschleift. Die Zeit der *terreur* ist überstanden.

Doch auch die Freiheit kann das Leben des Marquis nicht mehr spürbar verbessern. Mit der verwitweten Schauspielerin Marie-Constance Quesnet und deren Sohn haust er in einer Mansarde in Versailles, erledigt für Hungerlöhne Hilfsarbeiten am Theater, ernährt sich von Bohnen und Rüben. Pausenlos fleht er seinen Notar um Geld an, schreibt, um nicht zu verhungern, einen neuen Roman namens »Juliette« und legt der Hauptfigur noch einmal seine Philosophie in den Mund: »Nur durch Freveltaten regeneriert sich die Natur und erobert von neuem das ihr von der Tugend abgelistete Terrain.«

Doch auch auf den Pariser Straßen ist die »Tugend«, einer der Lieblingsfetische der Revolution, jetzt in

Misskredit geraten. Hier hat die *jeunesse dorée* das Kommando übernommen, Dandys mit ausufernden Koteletten, knappen Leibwesten, hautengen Kniehosen, bunten Seidenstrümpfen, spitzen Halbstiefelchen oder Lackschuhen. Auf Seiten der Royalisten randalieren sie gegen die Republik, machen mit Knotenstöcken Jagd auf Sansculotten und jeden, der noch die Mode der Revolutionszeit trägt.

Nach dem Ende des jakobinischen Kults der »Tugend« begrüßen auch sittenstrengere Aristokraten die Libertinage als Erlösung. Und nachdem am 9./10. November 1799 der General Napoleon Bonaparte putscht und die Revolution für beendet erklärt, regiert anscheinend wieder das, was der Marquis sein Leben lang verherrlicht hat: die nackte Macht.

Doch ausgerechnet der Gewaltherrscher Napoleon, der einer Phantasie des Möchtegern-Tyrannen Sade entsprungen sein könnte, zeigt keinen Sinn für dessen Apotheose der Grausamkeit. Am 6. März 1801 wird der Marquis im Haus seines Verlegers Nicolas Massé verhaftet – zum letzten Mal in seinem Leben. Nach einigen Monaten Gefängnis kommt Sade 1803 auf Betreiben seiner Familie von neuem in die Nervenheilanstalt Charenton. Diagnose: »libertinistische Demenz«.

Dort schreibt er weiter. Er ist jetzt 63 Jahre alt, gebrechlich und schließlich halb blind. Er scheint mittlerweile komplett resigniert, ist höflich bis zur Unterwürfigkeit, sammelt in der Pfarrkirche Almosen und reicht zu Ostern das geweihte Brot. Er verfasst noch vier Romane, darf dank der humanen Leitung des Anstaltsdirektors Coulmier mit den kranken Insassen seine Theaterstücke aufführen und verfasst sogar eins zu Ehren des Erzbischofs von Paris.

Am 2. Dezember 1814 stirbt der Marquis, 74 Jahre alt, an einer »Lungenverstopfung«. Dem Stein auf seinem (heute nicht mehr auffindbaren) Grab lassen die Hinterbliebenen eine Inschrift einmeißeln: »Der Du vorübergehst, knie nieder und bete neben dem unglücklichsten unter den Menschen.«

Für einen Mann, der sein Leben lang das Christentum als Grundlage der ihm verhassten Moral bekämpft hat, ist dieser Grabspruch bemerkenswert. Er ist eine selten enge Verklammerung urchristlicher Werte: Frömmigkeit, Mitleid und Schwäche.

Und hätte der Marquis an ein Leben nach dem Tod geglaubt, wäre jetzt für ihn der Moment gewesen, im Grab zu rotieren.

5. Der Krieg für die Sklaverei

»Weil sie richtig und natürlich ist«

Der Mann ist allein. Er steht gebückt vor der Ruine eines Hauses ohne Türen und Fensterscheiben, vor einem Panorama aus Hügelketten. Er trägt die Uniform der Südstaatenarmee im amerikanischen Bürgerkrieg: olivgrauer Mantel und Hut, Hose in den Stiefeln, Rucksack und Feldflasche am Rücken. Der Himmel strahlt von einem geradezu feindseligen Blau, einem Frühlingsblau, das die Seelenlage des Mannes verhöhnt.

Er lehnt sich auf sein Gewehr. Es sieht aus, als müsse er sich darauf stützen. Oder als wolle er in den Lauf der Waffe starren: als könnte sich die Wahrheit darin zurückgezogen haben; seine eigene Wahrheit, die in den Trümmern um ihn herum nicht mehr zu finden ist. Die ruiniert scheint wie alles andere, was außerhalb des Gewehrlaufs noch existiert. Scheinbar. Kann denn die Wahrheit zerstört werden – von so etwas Wechselhaftem wie Geschichte?

»The Lost Cause« heißt das Bild des deutsch-amerikanischen Malers Henry Mosler, die »Verlorene Sache«. Mosler malt es im Jahr 1868. Erst drei Jahre zuvor haben drei Millionen Amerikaner aufgehört, wegen dieser »Sache« aufeinander einzuschlagen und aufeinander zu schießen. 750 000 haben das Gemetzel nicht überlebt.

Nie zuvor und nie wieder kommen in so kurzer Zeit so viele Bürger der Vereinigten Staaten von Amerika gewaltsam ums Leben.

Noch bemerkenswerter ist aber eine andere Premiere. Denn in diesen vier Jahren zwischen April 1861 und Juni 1865 kämpfen Nordstaaten und Südstaaten zwar formal um Erhalt oder Zerfall einer Staatengemeinschaft. Erklärtes Hauptkriegsziel des Nordens aber ist die Durchsetzung eines Menschenrechts, genauer Artikel 1 der Erklärung der Menschen- und Bürgerrechte von 1789 (»Die Menschen sind und bleiben von Geburt frei und gleich an Rechten«): Es ist die Abschaffung der Sklaverei.

Und so bringt dieser Krieg die revolutionäre Erkenntnis, dass Menschen tatsächlich willens und in der Lage sein können, massenhaft für ethische Grundsätze in den Kampf zu ziehen – und das sogar für die Rechte und das Wohlergehen anderer, wildfremder Leute.

Sprich: Für die Moral.

Tatsächlich skizziert dieser Konflikt viele der Frontlinien, die noch heute die Kämpfe um »Moralismus« und »Moralisierung« durchziehen. Denn auch den Verlierern dieses Bürgerkriegs scheint es nicht nur um greifbare Vorteile zu gehen. Ihnen geht es, wie noch heutiger Moralkritik, um das Beharren auf der »Natur des Menschen« und anderer Dinge, die angeblich nicht zu ändern sind. Es geht darum, sich im Gegebenen einzurichten – und folglich um das Misstrauen gegen jede Utopie. Und es geht schon damals um die »Freiheit« – nämlich die, anderen die Freiheit zu entziehen.

Es geht um ein nostalgisches Weltbild, das sich von den jüngsten modernistischen Strichen in seiner klassizistischen Harmonie gestört sieht. Es geht um den Hass auf die neuen Eliten – und das gleichzeitige Gefühl, im Grunde die wahre Elite zu sein. Es geht um eine halluzinatorische Vision des Selbst, ein heroisches Trugbild von Noblesse und Trotz, eine narzisstische Mythologie.

Wie viele Moralkritiker, denen wir in diesem Buch begegnen, verstehen sich ja auch die Männer der Südstaaten als Aristokraten. Ihre Partei kämpft ja nicht einfach um ihr Recht, Menschen zu besitzen, zu prügeln und zu vergewaltigen. Sie kämpft auch um Geburtsrecht und feinere Lebensart, die diese moralische Indifferenz erst möglich machen und gegen die Hässlichkeit ihrer Folgen abschotten.

Kurz: Sie kämpft um einen Lifestyle – wenigstens den einer winzigen Oberschicht, die aus einigen Hundert weißen Familien besteht. Sie kämpft um Herrenhäuser mit griechischen Säulen, Veranden im Magnolienduft, regelmäßig mit weißen Handschuhen gestriegelte und mit Whisky massierte Rennpferde. Sie kämpft für die *southern belles* mit den Glockenröcken und die Gentlemen mit den gepflegten Manieren, die ihre Ehre noch nach guter Vätersitte in Duellen aushandeln.

Diese Lebensart ist schon zu diesem Zeitpunkt ein hoffnungsloser Anachronismus. Sie ist aus dem längst vergangenen 18. Jahrhundert geborgt. Und in Wirklichkeit träumt sie sich sogar noch weiter zurück: in die Antike. Wie der Staat des Sokrates und des Aristoteles, der ohne Sklavenarbeit nicht funktioniert hätte, versteht auch sie sich als eine »besondere und edle Form der Zivilisation«.

Mit solchen Worten betrauert diesen Lifestyle ein Jahr nach dem Krieg der »Richmond Examiner«-Redakteur und Influencer Edward A. Pollard in seinem rasch berühmt gewordenen Pamphlet »The Lost Cause«, dessen Titel bald zum geflügelten Wort werden und auch Moslers Bild den Titel geben wird. Wie im alten Griechenland, so argumentiert Pollard, sei es erst die Sklaverei gewesen, die die weiße Oberschicht vom »Zwang zur körperlichen Arbeit« befreit, ihr so die »Möglichkeit zu einer außerordentlichen Kultur« geschenkt, »ihre Manieren poliert« und »die Idee der Ritterlichkeit eingeimpft« habe.

Tatsächlich scheint der Süden dem Gang der Geschichte nicht unterworfen zu sein. Wie das Land mit den Grenzen aus Hirsebrei ist der Süden eine reglose Insel in der Zeit. Seine Bewohner dämmern, von der Sonne sediert, unter der Zukunft weg, festgewurzelt in einer Welt ohne Aufstiegschancen und soziale Mobilität. Während im Norden der Rauch der Fabriken zum Himmel steigt, Züge ins Unendliche rollen und die Vermögen in alle Dimensionen explodieren, reitet der *master* des Südens einmal im Kreis um seine Plantage herum, um schließlich wieder an genau dem Herrenhaus anzukommen, von dem er aufgebrochen ist.

In diesem opulent dekorierten Traum, der sich plötzlich vom Winde verweht sieht, muss die Idee der Menschenrechte für alle als finsterste Barbarei erscheinen. Und wenn jetzt die Geschichte über diese Kultur hinweggerollt sei, trage die Schuld daran, so Pollard, der Norden mit seiner »Intoleranz des Puritaners« und seiner »bequemen Moral«, die sich weigert, den Tatsachen – nicht nur denen des Baumwollanbaus – ins Auge zu sehen.

Damit bringt Pollard auch gleich ein weiteres wiederkehrendes Motiv zum Einsatz, das die Moralkritik noch über Jahrhunderte begleiten wird: den Neidvorwurf. Neidisch sei der Norden ja nur gewesen, schreibt er – auf die Eleganz des Südens, seine Lebensfreude, seine »verschwenderische und sorglose Aristokratie« und seine »ständigen Runden von Gastfreundschaft und Fröhlichkeit«. Und sei deshalb so verkniffen und verklemmt, ihm die Ausbeutung zu verübeln, die diese ganze Noblesse erst ermöglicht habe.

Nun spricht die Tatsache, dass sieben von acht Einwanderern, die in die USA kommen, sich für ein Leben im Norden entscheiden, nicht unbedingt für die höhere Attraktivität des südlichen Modells. Und das liegt nicht nur daran, dass dieses Schlaraffenland auf Menschenknochen gebaut ist – und jeder weiß, wie wenig tragkräftig so ein Menschenknochen ist.

Seit Beginn des Jahrhunderts hat sich im Wettlauf der Himmelsrichtungen der Norden einen Vorsprung verschafft, der kaum einholbar scheint. Drei Viertel aller Eisenbahnschienen liegen nördlich der *Mason-Dixon Line*, der alten Demarkationslinie zwischen Nord- und Südstaaten. Die reichliche Hälfte der Amerikaner, die dort wohnt, erzeugt mehr als vier Fünftel aller Industrieprodukte. Im Norden wachsen die großen Städte wie Chicago, wie New York mit seinen über eine Million

Einwohnern, unermüdlich, während im Süden kaum eine Stadt auf 50 000 Menschen kommt. Sogar auf ihrem ureigenen Feld der Landwirtschaft müssen sich die *southerners* dem Fortschritt geschlagen geben: Obwohl im Norden wenig mehr als halb so viele Menschen von Ackerbau und Viehzucht leben wie im Süden, sind dort mehr als doppelt so viele Landmaschinen in Betrieb.

Die Moderne, mit der die Nordstaaten den Süden bedrohen, verfügt über fürchterliche Waffen. Da sind die gewaltigen Investitionen, mit denen die Dollarbarone in Detroit und Chicago ihre Industrien und Eisenbahnnetze aufbauen. Da ist die Bildung, die bewirkt hat, dass im Norden dreimal so viele Menschen lesen und schreiben können wie im Süden, dass dort doppelt so viele weiße Schulkinder, doppelt so viele Ärzte und sechsmal so viele Ingenieure wohnen.

Da sind die Verleger des Nordens, die den Buchmarkt beherrschen und statt der feurigen Pro-Sklaverei-Pamphlete aus dem Süden lieber Schriftsteller wie Ralph Waldo Emerson und Henry David Thoreau aus Massachusetts oder James Fenimore Cooper aus New York drucken, die für die Abschaffung der Sklaverei eintreten: Zweifellos eine frühe Form von *cancel culture*. Da sind die Magazine aus Neu-England mit ihrem »korrumpierenden Einfluss« und ihren »scheußlichen politischen Prinzipien«, wie die Südstaatler beklagen: Sie überschwemmen auch die Städte des Südens mit ihren »Lehren zur Bildung eines weltweiten Utopia«, ihren Attacken gegen den »gesunden Menschenverstand« und ihrem »Krieg gegen die Natur«.

5. Der Krieg für die Sklaverei

Doch die grausamste Waffe des Nordens ist die Moral. Es ist die erst rund einhundert Jahre alte, alles andere als aristokratische und nicht einmal durch Geschäftsinteressen beglaubigte Moral der Menschenrechte, wie sie auch in die Unabhängigkeitserklärung der Vereinigten Staaten von Amerika Eingang gefunden hat – »*that all men are created equal*«.

Doch die Idee, dass »alle Menschen gleich geschaffen sind«, hat in der Kosmogonie der Hierarchie-Hüter des Südens keinen Platz. Im Gegenteil: Sklaverei müsse aggressiv sein, predigen die, »weil sie richtig und natürlich ist«.

»Rebels« nennen sich die Krieger der Sklavenhalterstaaten. Tatsächlich rebellieren sie, auch wenn sie im Auftrag solide verfasster Staatsapparate antreten, gegen etwas: die Anmaßung der Moral. Und vielleicht rebellieren sie deshalb so unversöhnlich, weil sie dunkel ahnen, dass es das, für das sie rebellieren, schon nicht mehr gibt: die alte, fest gemauerte Ordnung der Dinge und Menschen, in der alles seinen gottgegebenen Platz hatte – und so eben auch die Sklaverei.

So ist es kein Wunder, dass im Süden sogar die arme Mehrheit verbissen das Recht der reichen Minderheit auf Herrschaft und Menschenbesitz verteidigt – der *white trash*, der sich nie die Pariser Mode oder die importierten Konzertflügel wird leisten können, mit denen sich die *southern belles* schmücken. Auch die drei Viertel der Weißen, bei denen es nicht einmal zum Kauf eines einzigen Sklaven reicht, glauben, etwas zu verlieren zu haben: ihren Platz in der hergebrachten Hackordnung, der sie für ihre Dürftigkeit entschädigt. Denn selbst der ärmste, ungebildetste weiße Tagelöhner weiß in dieser rassistischen Prestigeskala noch immer eine beruhigend breite schwarze Paria-Kaste unter sich.

So fühlen sich zur Mitte des Jahrhunderts nicht nur wenige, sondern die meisten Söhne des Südens von der Zumutung namens Moderne belästigt, ja beunruhigt. Wenn die Freiheit verschwindet, anderen die Freiheit zu nehmen, ist als Nächstes vielleicht auch die eigene kleine Freiheit in Gefahr. Wenn die neue Zeit das Eigentum an anderen Menschen abschafft, müssen auch sie vielleicht bald um ihr spärliches Eigentum fürchten.

So kämpfen sie nicht nur gegen eine abstrakte Menschenrechts-Moral, die zu ihrem Alltag nicht passt. Sie kämpfen auch um jene Entschädigung, die Zivilisationskritik ihren Vertretern seit jeher zu bieten hat: die Gnade, die eigene Rückständigkeit als Verdienst erfahren zu dürfen.

Aber zum ersten Mal in der Geschichte brechen sie dafür einen Volkskrieg vom Zaun.

Zur Waffe geschmiedet wird die Moral des Nordens, die jetzt Wohlstand und Selbstwertgefühl des Südens zu zersetzen droht, fast hundert Jahre zuvor, bei Amerikas ehemaligen Kolonialherren in Großbritannien. Es gibt ja in dieser Zeit nichts Normaleres und Natürlicheres als Leibeigenschaft: Sklaverei ist älter als Geld und als jedes Gesetz. Mehr als ein Viertel aller Menschen der Welt sind rechtmäßig der Verfügungsmacht irgendeines anderen Menschen unterworfen, und in weiten Gegenden der Neuen Welt gibt es mehr Sklaven als Freie.

5. Der Krieg für die Sklaverei

Dieses Gewaltverhältnis abzuschaffen, werde »kaum möglich sein«, prophezeit Adam Smith, der philosophische Prophet der Marktwirtschaft. Denn »die Liebe zu Herrschaft und Autorität über andere Menschen wird sie wahrscheinlich unvergänglich machen«.

Und die Liebe zum Zucker. Denn die Produktion des »weißen Goldes« ist so etwas wie die Ölindustrie des 18. Jahrhunderts – ein gigantischer Wirtschaftszweig mit traumhaften Gewinnmargen. Und wie kein anderer Wirtschaftszweig profitiert sie vom Sklavenhandel: Der beschert allein England Zehntausende von Arbeitsplätzen. Ganze Städte wie Liverpool wären ohne den Frachtbetrieb mit gefangenen Menschen ruiniert.

Fast 80 000 Afrikaner liefern die Sklavenschiffe jedes Jahr allein nach Amerika, und die Idee, die Sklaverei zu beenden, muss damals etwa so ungeheuerlich geklungen haben wie heute der Vorschlag, das Auto abzuschaffen. Und so grenzt es an ein Wunder, dass diese »unvergängliche« Institution im Verlauf einer Generation zusammenbricht.

Damals beschimpft man diese Weltverbesserer, die sich »Abolitionisten« nennen, nicht nur als Spinner. Man wirft ihnen auch Sabotage an der Volkswirtschaft vor. Man schüchtert sie ein, wirft sie aus Kneipen, droht, sie zu töten oder ihre Häuser niederzureißen. Einer von ihnen wird im Liverpooler Hafen von einer Gruppe kräftiger Männer Richtung Molenkante gedrängt und kann in letzter Sekunde entwischen.

Und wie heute müssen sie sich nicht nur gegen die Hüter des Gestern verteidigen, sondern auch gegen die

Arbeiterführer, denen die Empörung über den Menschenhandel nichts als Ablenkung vom Elend des heimischen Proletariats bedeutet: »Der N[****] Leid und Verderben / Hat die zarten Herzen beschwert, / Doch die weißen Sklaven sterben, / Die das Gold ihrer Väter vermehrt«, heißt es in einem klassenkämpferischen Gedicht.

Dass Gerechtigkeit unteilbar und die Anti-Sklaverei-Kampagne eine gesellschaftliche Revolution ist, die auch den Weg für spätere Bewegungen ebnen wird – für Mindestlöhne und bessere Arbeitsbedingungen in den Textilfabriken, gegen Kinderarbeit und für allgemeines Wahlrecht – kann zu diesem Zeitpunkt vielleicht noch niemand ahnen. Aber träte ein Trupp wie die Abolitionisten heute mit einer vergleichbar utopischen Forderung auf, würde man sie wohl immer noch Spinner nennen – und an ihnen die Kardinalsünde gegen jede Gesellschaftsform dingfest machen, die auf Autopilot läuft: die »Moralisierung der Politik«.

Tatsächlich hat der Protest der Abolitionisten eine bislang unbekannte Qualität. Nicht nur, dass die Menschen, die diesen geschichtlichen Lernprozess in Gang setzen, weit entfernt sind von den Hebeln der Macht. Noch unerhörter ist, dass die Barbarei, gegen die sie protestieren, sie im Grunde nichts angeht: Sie selbst haben unter ihr ja nicht zu leiden.

Da ist John Newton, Kapitän eines Sklavenfrachters: Später wird er den Text der Bürgerrechts-Hymne »Amazing Grace« verfassen. Da ist Granville Sharp, Musiker, hitzköpfiger Querulant und Exzentriker diverser

Disziplinen. Da ist der Dandy James Stephen, dem der Sklavenhandel seines Onkels das Studium finanziert, der vor emotionalen Verstrickungen in die Karibik flieht und durch die Grausamkeit gegen Sklaven, deren Zeuge er dort wird, zum Menschenfreund wird. Da ist der Theologiestudent Thomas Clarkson, dem der Skandal der Sklaverei aus heiterem Himmel auf einem Ritt von Cambridge nach London das Bewusstsein umstülpt. Der einzige dieser Moralverrückten, der nach heutigen Maßstäben als »Betroffener« gelten könnte, ist Olaudah Equiano, ein ehemaliger Sklave, der sich längst freigekauft hat – aber jetzt partout auch noch seinen ehemaligen Leidensgenossen zur Freiheit verhelfen will.

Die Gegenseite hat handfestere Einsätze im Spiel. Im britischen Parlament sitzen mehr als 40 Lobbyisten der Zuckerrohrindustrie. Fast jede reiche Pflanzerfamilie ist dort mit einem Angehörigen vertreten. Sie alle warnen, die Abschaffung der Sklaverei würde nicht nur die Plantagenbesitzer Millionen von Pfund kosten, sondern auch die Versorgung des Mutterlands mit Tee, Kaffee, Zucker, Tabak und Baumwolle gefährden, zahllose Arbeitsplätze vernichten und die Existenz der Handelsmarine, der British Navy, ja des Empire selbst zerstören. Und für den Fall, dass auch diese Argumente nichts fruchten, holen sie ihre blutigsten Bestrafungsphantasien aus dem Köcher: Ohne den Sklavenhandel könnten die Einheimischen in den Kolonien auf dumme Gedanken kommen, sich erheben und in der Folge alle Weißen abschlachten.

Die Sklaverei-Lobby ist stark. Und sie tut das moralische Problem mit einem klassischen Bonmot der Moralkritik ab: Wo gehobelt wird, fallen Späne. Der Sklavenhandel sei zugegebenermaßen »kein anziehendes Geschäft«, räumt einer von ihnen ein. »Aber das ist auch das Handwerk des Metzgers nicht, und dennoch ist ein Hammelkotelett eine feine Sache.«

Trotzdem erobern die Moralisten nach und nach die öffentliche Meinung. Im ganzen Reich gründen sie Komitees zur Abschaffung der Sklaverei. Sie überschwemmen das Parlament mit Petitionen und organisieren sogar die ersten »*Fair Trade*«-Kampagnen: 300 000 Britinnen und Briten boykottieren in der Folge den Zucker von den karibischen Sklavenplantagen und kaufen dafür das indische Produkt, das von Lohnkräften hergestellt wird. Und Kolonialwarenhändler werben mit Zucker aus »freier Arbeit«.

Zum ersten Mal wird hier die Blindheit der Moral zu ihrer Stärke. Ihre Überzeugungskraft liegt darin, dass sie von den Interessen ihrer Träger absehen kann. Die 769 Metallarbeiter*innen aus Sheffield etwa, die 1789 im vollen Bewusstsein, ihrem Wirtschaftsstandort und sich selbst damit wahrscheinlich zu schaden, eine Petition ans Parlament schicken, machen gerade dadurch ihre Sache stark: »Die Petitionäre, könnte man meinen, würden ihren Interessen Abbruch tun, wenn der besagte Handel mit Sklaven abgeschafft würde«, schreiben sie. »Aber die Petitionäre haben immer gehört, dass die Bewohner Afrikas gegen die fremde Sklaverei nur Abscheu hegen … und sie betrachten die Sache der afrikanischen Völker als ihre eigene.«

Ein halbes Jahrhundert lang kämpfen hier also Menschen gegen ihren eigenen Vorteil. Die Abschaffung des Sklavenhandels und später der Sklaverei kosten die Briten für über fünfzig Jahre schätzungsweise 1,8 Prozent ihres jährlichen Volkseinkommens. Ein Wert, der im heutigen Deutschland rund 45 Milliarden Euro entspräche – beinahe so viel wie der Jahresgewinn der 15 größten deutschen Unternehmen zusammen.

So ist der Kampf gegen den britischen Sklavenhandel, wie der Historiker Adam Hochschild anmerkt, die weltweit erste politische Kampagne, die rein moralischen Zielen folgt: »Rebellionen von Sklaven und anderen Unterdrückten hat es immer wieder gegeben«, schreibt er. »Aber der Kreuzzug in England war ein neues Phänomen: Zum ersten Mal bezog sich die Empörung einer großen Zahl von Menschen – eine Gefühlserregung, die über Jahre anhielt – auf die eingeschränkten Rechte *anderer*.«

1807 stellt sich auch das Parlament den »frommen Theologen, gutherzigen Dichterinnen und kurzsichtigen Politikern«, wie ein Lobbyist sie abschätzig nennt, nicht länger in den Weg. Es verbietet zwar nicht den Besitz von Sklaven, aber wenigstens den Handel mit ihnen.

Ob es dabei ebenfalls den moralischen Motiven der Abolitionisten folgt, ist noch immer nicht ganz geklärt. 1944 etwa argumentiert der materialistische Historiker Eric Williams in seinem Buch »*Capitalism and Slavery*«, die Böden der karibischen Inseln seien im 19. Jahrhundert ohnehin ausgelaugt gewesen und hätten kaum noch Gewinne erbracht. Die Ersetzung der Sklaverei durch freie Lohnarbeit sei dann Voraussetzung für die Entstehung des modernen und flexiblen Kapitalismus gewesen – und die Moral nur deren kultureller Überbau. Später ergaben Studien, dass die Plantagenwirtschaft in Westindien und den amerikanischen Südstaaten bis zur Abschaffung der Sklaverei sehr wohl profitabel war. Und heute erkennt offenbar die Mehrheit der Historiker vor allem moralische Motive als Grundlage der Sklavenbefreiung an.

Auch in den USA, wo die Idee der Sklavenbefreiung erst ein halbes Jahrhundert nach ihren englischen Ursprüngen ankommt, sind es zunächst ausschließlich die »Moraleliten«, die sich für die Abschaffung des Eigentums von Menschen an Menschen einsetzen: Nur wenige Prozent der Wahlbevölkerung folgen ihren Ideen. Die »normalen Leute«, die weißen Bürger in New York oder Chicago, hegen kaum größere Sympathien für Afroamerikaner als die Baumwollpflanzer im Süden. Und vor allem die Industriearbeiter europäischer Herkunft sehen in ihnen vor allem Konkurrenten und Lohndrücker auf einem umkämpften Arbeitsmarkt.

So bleibt die Arbeit an christlichen Weltverbesserern wie dem Publizisten William Lloyd Garrison hängen, der kurzzeitig wegen Beleidigung eines angesehenen Sklavenhändlers im Gefängnis sitzt. Ab 1831 streitet er in der Zeitung »The Liberator« mit dem biblischen Gleichheitsgebot für die Abschaffung der Leibeigenschaft. Noch im selben Jahr setzt der Südstaat Georgia ein Kopfgeld von 5000 Dollar auf ihn aus.

Doch zusehends wächst sein Einfluss bei den gebildeten Protestanten des Nordens – und bei den Aktivistinnen der jungen Frauenbewegung, die in der Unterdrückung der Sklaven auch ihre eigene Lage wiedererkennen. Und so kommt es, dass die Verteidiger der Leibeigenschaft gleich zwei Felle davonschwimmen sehen: die Herrschaft über die Sklaven – und die über die eigene Gattin.

Die einflussreichste dieser Frauen, Harriet Beecher Stowe, vereint sogar christliche und feministische Avantgarde in einer Person: Sie ist Ehefrau eines protestantischen Lehrers und Tochter eines protestantischen Geistlichen aus Brunswick, Maine, und als Mutter von sechs Kindern setzt sie sich für bessere Rechte von Ehefrauen ein (wenn auch nicht für deren Wahlrecht). Sie veröffentlicht 1852 den Roman »Onkel Toms Hütte«, eine herzerweichende Schilderung des Lebens schwarzer Amerikaner auf den Baumwollplantagen, der weißen Menschenschinder, der Misshandlungen, der Ohnmacht und des Gottvertrauens.

Innerhalb eines Jahres verkauft der Verlag in den USA 300 000 Exemplare. Das Buch wird zum erfolgreichsten Roman des 19. Jahrhunderts. Und dieser Roman ist es, der die Frage der Sklaverei endgültig zur Gewissensfrage macht.

»Onkel Toms Hütte« macht sich so gut wie aller Sünden schuldig, die dem Moralismus zugeschrieben werden. Das Buch ist unverhohlen pädagogisch, hemmungslos sentimental, ersetzt Argumente durch Gefühle, stammt aus der Feder einer Frau ohne einschlägige Erfahrungen mit der Sklavenwirtschaft und gibt die Schuld an dem beschriebenen Leid nicht den »Strukturen«, sondern dem individuellen Verhalten der Menschen. Aber dieses rührselige *J'accuse* gegen die Realpolitik wird zum wirkmächtigsten Manifest für die Abschaffung der Sklaverei.

Und zu deren Motor: Ihr Buch habe ihn zum Abolitionisten gemacht, bescheinigt der Unions-General James Weaver der Autorin. Der englische Premierminister Lord Palmerston liest es gleich dreimal und beschließt wohl nicht zuletzt deshalb, die Südstaaten nicht zu unterstützen – ein kriegsentscheidender Faktor. Und Präsident Abraham Lincoln soll Stowe später im Weißen Haus empfangen und mit den Worten begrüßt haben: »Sie sind also die kleine Frau, die diesen großen Krieg ausgelöst hat.«

In Wirklichkeit sind es die Soldaten des Südens, die am 12. April 1861 um halb fünf Uhr morgens die ersten Salven auf den Nordstaaten-Militärposten Fort Sumter abfeuern. Gleich am folgenden Tag hissen die »Rebellen« ihre Flagge, die »Stars and Bars«, auf der sturmreif geschossenen Festung. Im Sommer treiben an einem Flüsschen namens Bull Run die Truppen des Südstaaten-Generals Robert E. Lee unter Ausstoßen des *rebel yell*, eines langgezogenen, markerschütternden Schreis, eine Armee des Nordens in die Flucht und lassen 5000 Tote zurück.

Nachdem am Neujahrstag 1863 Präsident Lincoln sämtliche dreieinhalb Millionen Sklaven des Südens für frei erklärt hat, marschieren im Juni die Soldaten

5. Der Krieg für die Sklaverei

der Sklavereistaaten in Pennsylvania ein. Doch dort, bei Gettysburg, gut hundert Kilometer nördlich von Washington, wendet sich das Blatt: In einem dreitägigen Blutbad gewinnt der Norden die Entscheidungsschlacht und dezimiert die Armee des Südens um ein Drittel. Im Winter 1864/65 marschieren die Unionstruppen unter General Sherman durch Georgia, North und South Carolina und lassen in einer hundert Kilometer breiten Schneise Landes keinen Stein auf dem anderen. Am 9. April 1865 kapituliert General Lee bei Appomattox in Virginia.

Der Krieg ist nun offiziell vorbei. 1868 tritt der 14. Zusatzartikel der Verfassung in Kraft, der sämtliche, auch schwarze Amerikaner als Bürger der USA anerkennt; 1870 der 15. Zusatzartikel, der theoretisch auch ehemaligen Sklaven das Wahlrecht verleiht – auch wenn das tatsächlich erst ab 1965 in allen Bundesstaaten gilt. Und bis die Nachkommen der Sklaven tatsächlich gleichgestellt sind, werden wohl noch einige Moralkeulen auf das Land niedergehen müssen.

Doch in einem Moralkrieg sind die Verlierer nicht einfach Besiegte, sondern Beschämte. Und so kann man es den Ex-Aristokraten des Südens nicht einmal verdenken, dass sie sich an eine fromme Erzählung zur Linderung dieser Scham klammern, eine Trost-Philosophie, wie sie der spätantike Denker Boethius für enttäuschte Zeitgenossen verfasste. Eine Verteidigungs-Ideologie – die dabei in der Folge immer auch bereit bleiben wird zum Angriff: »The Lost Cause«, die verlorene Sache.

Seither produziert die Trauer um diese »Sache« unruhige Träume, Pamphlete, Gemälde, Musik – und Gewalt. Sie beseelt Filmklassiker wie D. W. Griffiths »Birth of a Nation« und Romane wie Margaret Mitchells »Vom Winde verweht«, aber sie rechtfertigt auch den Mord an Präsident Lincoln fünf Tage nach der Kapitulation und die Bluttaten des *Ku Klux Klan*. Sie heizt Desperados an wie die Ex-Freischärler Jesse und Frank James aus Missouri, die acht Jahre nach der Niederlage den Krieg mit eigenen Mitteln weiterführen und mit Überfällen auf Banken, Züge und Postkutschen gegen die neue Moralordnung anrennen – zwei aus einer ganzen Generation junger Männer, die auf den Schlachtfeldern bei Gettysburg und am Antietam erwachsen wurde und jetzt nicht mehr zurückfindet in die Zivilisation.

Und sie befeuert noch die Anhänger des geschlagenen Donald Trump, die im Januar 2021 mit wehender Konföderiertenflagge, der »Rebel Flag«, das Kapitol berennen. Einige von ihnen stoßen dabei den *rebel yell* aus, den Kriegsruf der Soldaten General Lees.

Wer sich die Filmaufnahmen der Library of Congress aus den 1930er Jahren anschaut, auf denen weißbärtige Veteranen des Bürgerkriegs den *yell* noch einmal zum Leben erwecken, hört schon in den Originalversionen dieser Schreie einen hohen, schneidenden, fast femininen Ton. Er ist unterlegt von einem fragilen Sirren, einem Wirbeln, einem Zittern. Er klingt nicht aggressiv. Er klingt nach der Panik eines gequälten Tiers. Er klingt nicht nach Angriff. Er klingt nach Angst.

6. Friedrich Nietzsche

»Ach, dieser Schmutz
der Seele zu zweien!«

Er trägt kein »von« im Namen. Seine Wohlgeboren-heit muss er sich zusammenkratzen. Von Zeit zu Zeit klammert er sich an das vage Gerücht, er stamme von »polnischen Edelleuten« ab, »welche Nietzky hie-ßen«.

Immerhin war sein Vater nahe dran: Abkömmling einer großen Theologendynastie, Prinzessinnener-zieher an einem sächsischen Fürstenhof. Doch dann heiratete die Prinzessin, und Preußenkönig Friedrich Wilhelm IV. versetzte den Höfling an die Dorfpfarre in Röcken. Röcken liegt an der Landstraße zwischen Wei-denfels und Leipzig.

Der Vater überlebte den Abstieg nicht lange. Und vielleicht hat auch der Sohn die Vertreibung aus den Er-habenheiten, die er nie kennengelernt hat, nicht so recht verwunden. Aber Stück für Stück arbeitet er sich wieder an die Noblesse heran. Schließlich adelt er sich selbst: In einem Buch namens »Menschliches, Allzumenschli-ches« ernennt er sich zum »*Grandseigneur* des Geistes«.

Eine Herrschaft der Edlen, der Ausnahmemenschen schwebt ihm vor. Aber die sind in Deutschland an-scheinend nicht mehr gefragt. Die Operettenfürsten der deutschen Kleinstaaten, die noch Gottgnadentum spielen, sind überdimensionierte Gartenzwerge, folkloristisch umstellt mit Hofmarschällen, Hofjägermeistern und Hoftafeldeckern. Ihre Reiche heißen Schwarzburg-Rudolstadt oder Reuß älterer und jüngerer Linie. Oder Schaumburg-Lippe: 45000 Einwohner, Hauptstadt Bückeburg.

Wenn der kleine Friedrich, 1844 geboren, aus dem Kinderzimmerfenster schaut, sieht er das Grab seines bürgerlich-allzubürgerlichen Vaters: Karl Ludwig Nietzsche, Pastor und geisteskrank, gestorben fünf Jahre nach Friedrichs Geburt. Der wächst ohne Vater auf, umzingelt von fünf frommen Frauen; ein ängstliches, folgsames Kind. Je braver der Junge, desto mehr fasziniert ihn alles Dämonische. Er ist kränklich, dicklich, ein schwacher Turner, aber er träumt davon, ein Krieger zu sein.

Doch zeit seines Lebens quälen ihn Gallen- und Magenbeschwerden, Koliken und Verstopfungen. Rheumatismus und Katarrh suchen ihn heim, Migräne und Depression, Augenleiden und »schreckliche Schlaflosigkeiten«. Er kämpft mit Lähmungen und Übelkeit, der »Erschütterung des Gehirns« und dem »Erlöschen der Augen«. Und gegen die »alltägliche große Erschöpfung«.

Er ist kein Entertainer. Er versteht keinen Spaß. Er ist ein Schweiger, wirkt oft blass und unscheinbar, kann nicht fesselnd reden und fühlt sich bei der erstbesten Gelegenheit verspottet. Die vornehme Gesellschaft, in die er sich sehnt, hat nicht auf ihn gewartet. In einem Gedicht namens »Vereinsamt« wird er sich selbst den Rat geben: »Versteck, du Narr, / Dein blutend Herz in Eis und Hohn!«

Sein Leben lang bleibt er unter der Fuchtel von Mutter und Schwester. Sie schicken ihm Würste, Lachsschinken, Honig und Ermahnungen; er schickt ihnen seine schmutzige Wäsche zurück. Manchmal kümmert sich eine mütterliche Freundin um ihn, Cosima Wagner oder Malwida von Meysenbug. Jüngere Frauen aber weisen ihn regelmäßig ab – und die Freundschaften mit Männern, oft prekär bepackt mit romantischer Schwärmerei, gehen immer wieder entzwei. Überall und immer wieder »Geringschätzung«, vor allem von den Menschen, an denen ihm liegt. Schließlich sieht er sich von der ganzen Welt verraten: »Ich fühle aus allem, was ich höre, Verachtung gegen mich heraus.«

Aus Bibliotheken schleppt der Student Bücher in seinen Maulwurfsbau, nagt an Handschriften, Quellenanalysen, Etymologien. Doch das »Leben«, das er verehrt wie ein unnahbares Burgfräulein, bleibt ihm tragisch fern. Es entzieht sich ihm, verflüchtigt sich zum Gedanken, verdünnt sich zum geschriebenen Wort: zum »Idealismus«, in dem er sein »eigentliches Verhängnis« erkennt. Und je mehr dem Kopfmenschen schwant, »dass ich ein denkendes, nicht dass ich ein lebendiges Wesen, dass ich kein *animal*, höchstens ein *cogital* bin«, umso mehr vergöttert er es, »das Leben«.

Im Rekordalter von 24 Jahren wird er Professor an der Baseler Universität. Doch dieser Erfolg führt ihn nur noch tiefer in die lichtlose Welt der Kopffüßer, mitten in »das wimmelnde Philologengezücht mit seinen vollen Backentaschen und blinden Augen«. Jeden Morgen um sieben steht er vor seinen Studenten. Die werden immer weniger; manchmal liest er, wie er erbittert notiert, »vor drei *dummen* Hörern«. In eine Vorlesung über die »Rhetorik des Aristoteles« kommen nur noch zwei.

Einmal, als nur noch ein einziger sich in seinen Vortrag über die Vorplatoniker verirrt, folgt er dem Treuen nach der Veranstaltung bis an dessen Wohnung, packt ihn am Arm und lädt ihn auf eine gemeinsame Italienreise ein: »Kommen Sie mit mir? Wollen wir die Wolken in Veroneses Heimat ziehen sehen?« Der junge Mann murmelt etwas Ausweichendes und verschwindet im Haus.

Gleich bei Kriegsausbruch 1870 lässt er seine Baseler Professorenstelle im Stich. Freiwillig meldet er sich zum Dienst im preußischen Heer. Obwohl er nur Sanitäter wird, sich in Flandern auch noch mit Ruhr und Rachendiphterie ansteckt, von »Nervenaufregung und plötzlicher Schwäche« übermannt, schwelgt er in »den Schrecken und Erhabenheiten des eben ausgebrochenen Krieges«. Dieser Sieg über die Franzosen, hofft er hinterher, wird endlich auch den Spuk beenden, den die Welschen mit ihrer unseligen Revolution über die Welt gebracht haben: die »jetzt überall herrschende romanische ›Civilisation‹« – die Glücksherrschaft der Vielen.

Doch nach dem Krieg ist es noch schlimmer geworden als zuvor. Überall Gleichmacherei, Nivellierung, Vermassung. Wie nie zuvor drängt das Unten nach oben. Ab 1871 gilt das allgemeine und gleiche Wahlrecht für alle Männer ab 25. Ein Wahlkampf folgt dem anderen, und so mischen sich jetzt überall Leute in die Politik, die dafür nicht geschaffen sind.

6. Friedrich Nietzsche

Nicht zuletzt die jüdische Minderheit streift die Behinderungen ab. Bismarcks Reichsverfassung verspricht ihnen erstmals gleiche Rechte. Das ändert zunächst nicht viel: Konservative Institutionen wie Militär und Verwaltung nehmen es mit der Verfassung oft nicht so genau. Doch dafür ergreifen jetzt viele Juden freie Berufe, werden erfolgreiche Anwälte, Ärzte oder Unternehmer: Bis zur Jahrhundertwende stellen sie zehn der elf reichsten Berliner. Und die Juden werden zum Inbegriff von Fortschritt, Wandel und Aufstieg der neuen Zeit.

Gleichzeitig schreitet die »Emancipation« der Frauen voran. Seit den 1860er Jahren kämpfen sie um Gleichberechtigung, fordern das Wahlrecht und bessere Arbeits- und Bildungschancen. Und immer mehr Leute können lesen, lassen die Auflagen von Zeitungen und Zeitschriften explodieren. Nietzsche kann nur warnen: »Die allgemeine Bildung ist nur ein Vorstadium des Communismus.«

Seit 1869 ist das »Koalitionsverbot« aufgehoben. Arbeiter dürfen sich straffrei organisieren, Gewerkschaften und Vereinigungen bilden und im Tarifstreit die Arbeit niederlegen. Die Gründerjahre von 1871 bis 1873 erleben mehr Streiks als das ganze Jahrzehnt zuvor. Im Juni 1872 legt im Raum Essen eine unerhörte Zahl von mehr als 20 000 Bergleuten die Spitzhacke nieder. Von 1871 bis 1874 verdreifachen die sozialdemokratischen Parteien ihre Wählerstimmen. Und Nietzsche notiert: »Die grosse Sündflut der Barbarei ist vor der Thür.«

Dass er ein Anachronismus ist – niemand weiß es

besser als er. Gleich in seinen ersten Schriften stilisiert er sich mit wehem Stolz zum »Unzeitgemäßen«. Es schmeckt ihm nicht, das »demokratische Zeitalter«, dieses »Pöbel- und Bauernzeitalter« mit seiner »Preß- und Frechheits-Freiheit«, seinem »Parlamentarismus« und seinem »Zeitungswesen«. Er schüttelt sich beim Gedanken an Kommunisten, Sozialisten und »ihre blasseren Abkömmlinge, die weiße Race der ›Liberalen‹«. Er wettert gegen die »Emancipation«, jenen »Instinkthass des missrathenen, das heisst gebäruntüchtigen Weibes«. Gegen diesen geballten Pesthauch des Niederen entwickelt er das, was er seinen »aristokratischen Radikalismus« nennt.

Denn der Aufstieg der Massen ist ein Hohn auf den großen Einzelnen, als den sich Nietzsche träumt. Die »große vorwärtstreibende und unaufhaltsame demokratische Bewegung Europas – das, was sich ›Fortschritt‹ nennt«, verdächtigt er als »ungeheure instinktive Gesamt-Verschwörung der Herde«, als Komplott gegen »alles, was Hirt, Raubtier, Einsiedler und Cäsar« ist. Als unrechtmäßige Aneignung der Macht – »zu Gunsten der Erhaltung und Heraufbringung aller Schwachen, Gedrückten, Schlecht-Weggekommenen, Mittelmäßigen, Halbmissratenen«.

Es wäre durchaus in Nietzsches Sinn, sein Denken aus seinem Leben zu erklären. »Jede große Philosophie«, schreibt er selbst, sei »das Selbstbekenntnis ihres Urhebers und eine Art ungewollter und unvermerkter *mémoire*«. Vielleicht sieht er sich als eine Art Gulliver auf der Insel Liliput, an Armen, Beinen und Haaren gefesselt von unzähligen wimmelnden, sechs Zoll großen Menschlein, die achtlos auf ihm herumkrabbeln. Es ist verkehrte Welt, wenn die Schwachen die Starken überwältigen, die »Sklaven« die »Herren«. Und so macht Nietzsches Denken sich an die Arbeit, diese Welt wieder vom Kopf auf die Füße zu stellen.

Nietzsche sehnt sich nach Größe. Er ist der geborene Jünger, ein »verehrendes Tier«, wie er es formuliert, und er wählt sich seine Avatare, wie ein Gamer seinen *character* wählt. Als er Schopenhauer entdeckt, legt er dem Denker willig sein ganzes Leben zu Füßen, quält sich ihm zuliebe sogar mit asketischen Exerzitien. Der pessimistische Seelenbruder wird sein »Halbgott«, sein »Mann und Ritter mit erzenem Blick«. Und so kommt ihm auch die Verschmelzung mit dem nächsten Riesen, 1868 mit Richard Wagner, wie eine Bekehrung vor, »eine jubelnde Intuition, ja ein staunendes Sichselbstfinden«, das sein ganzes Dasein in Mitleidenschaft zieht.

Wagner ist die erste Adresse für Majestäten, die keiner braucht. Für Regenten des Ungefähren wie seinen größten Fan König Ludwig II., der nicht mehr nach alter Sitte durchregieren darf, sondern auf Parlament und Kaiser Rücksicht zu nehmen hat. Der seine Gestaltungskraft deshalb in Schlössern ausleben muss, in künstlichen Felsen aus Zement und Muschelkalk, in künstlichen Grotten mit handwarmem Badesee, Wellenmaschine und Schwänen; im künstlichen Mondschein, der sein Schlafzimmer bestrahlt, in Kutsch- und Schlittenfahrten mit Pagen in Rokoko-Kostümen und Zopfperücken. Der in einsamen Märschen auf der beleuchteten Hof-

reitbahn schwelgt, im selbst entwickelten »Königs-
schritt«, einem weit ausgreifenden, wuchtigen Stamp-
fen. In Gelagen mit Soldaten in maurischer Tracht oder
auf germanischem Bärenfell. Im Erniedrigen seiner Diener, die er beißt, anspuckt, tritt und ohrfeigt oder ein
Jahr lang mit einer schwarzen Maske verhüllt, weil sie
beim Ankleiden dem König in die Augen geblickt haben.

Ludwig ist ungefähr in Nietzsches Alter. Auch er
sehnt sich nach dem Höheren, »der erhabenen Berges-
Einsamkeit«. Er nimmt sogar das gleiche Schlafmittel
wie der Denker. Und auch er fühlt sich von den Herauf-
drängenden verfolgt: »Das Prinzip der Volkssouveräni-
tät, das sich immer mehr ausbildet und mit seinem Gifte
alles begeifert«, donnert er, »muss ausgerottet werden.«

Auch er hasst sie, die Massen, diese »erbärmlichen
niederen Insektenseelen« – und die Preußen, die nicht
nur Bayern die Währung gestohlen haben und die Autonomie, sondern auch den Aufstieg des Pöbels zu ver-
antworten haben: Einmal spuckt er im Vorbeigehen auf
eine Büste Wilhelms I.

Mit Nietzsche teilt er das tragisch-elitäre Lebensgefühl, das man dem Fortschritt abtrotzen muss. Und
beide finden Trost bei Wagner und dem monarchischen
Pomp, mit dem der Komponist sich umgibt. In seinen
Brokat- und Seidenmänteln in Purpurrot, Flaschen-
grün, Rabenschwarz, Violett und Orange, in seinen
Schwaden von Honigkerzen und Rosenöl und seinem
in champagnerfarbene Seide eingenähten Flügel. Und
vor allem in seinen Götterdämmerungen und Liebesto-

den, die das Unglück zu etwas Schicksals- und Helden-
haftem erheben.

Auch Nietzsche sehnt sich nach Wagner'scher Tragik – und nach Wagner'schem Ruhm. Der Komponist
wogt und wabert von Oper zu Oper, streicht, wo nicht
musikalische, so doch immer glänzendere gesellschaftliche Erfolge ein. Auf seinen Triumphzügen durch Wien,
Budapest, Berlin hofieren ihn Fürsten und Gräfinnen,
auch Geistesadel wie der Historiker Mommsen, der
Architekt Semper, die Maler Makart und Menzel. Sogar
der Kaiser macht seine Aufwartung. Und Wagners Frau
Cosima von Bülow steuert jene aristokratische Aura bei,
nach der Nietzsche sich seit jeher verzehrt.

Doch die Ernüchterung folgt bald. Wagner und Cosima missbrauchen den Jünger als Dienstboten. Sie beu-
ten ihn nicht nur für den eigenen Ruhm aus und für ihre
Propaganda, sondern auch für ihren Komfort.

Nietzsche soll nicht nur Spenden für Wagners Fest-
spielhaus in Bayreuth sammeln, Wagners Kundenzeit-
schrift »Bayreuther Blätter« redigieren und Vorträge
über Wagner-Opern halten. Er soll auch Hauslehrer für
Wagners Sohn Siegfried spielen, soll Geschirr für Wagners beschaffen, Spielzeug für die Kinder, neue Buch-
einbände für die Bibliothek (»die Griechen rötlich braun
und die Römer gelblich braun«), Seidenunterwäsche für
Richard (»baseler fabrikat feinste ware«) oder Bonbons
für Cosima (Caramels, Fruits Confits und Oranges gla-
cées).

Vorerst macht Nietzsche gute Miene zum bösen
Spiel. In seinem ersten Buch »Die Geburt der Tragödie

aus dem Geist der Musik« singt er noch 1872 lauthals das Lob des Meistersingers von Tribschen. Nicht mit Wagner rechnet er darin ab, sondern mit dem »Geist der Aufklärung«, mit Rationalität und Geschäftemacherei, die das Leben eingeebnet und entzaubert haben. Und mit dem Glück, dem seine Zeitgenossen nachjagen. Denn dieses Glück ist leichter zu entbehren, wenn man nicht daran glaubt.

Glück ist ein Fetisch dieser Epoche. Der deutsch-französische Krieg von 1870/71 hat fünf Milliarden Francs an Reparationszahlungen ins neu gegründete Deutsche Reich gespült – mehr als das Anderthalbfache der veranschlagten Kosten für den Krieg. In plombierten Waggons überfluten die Silbermünzen aus Paris das Land, blähen die Wirtschaft auf und die Börsenkurse, füttern Aktienportfolios, den Eisenbahnbau und die Rüstungsindustrie, die jetzt ersetzen dürfen, was der Krieg vernichtet hat.

Binnen 30 Monaten steigt die Zahl der preußischen Aktiengesellschaften von 279 auf 728, wachsen mehr Stahlwerke, Hochöfen und Maschinenfabriken als in den 60 Jahren zuvor. Ganz Deutschland, vom Hausmeister bis zur Millionenerbin, spekuliert an der Börse; Hochstapler-Gesellschaften und Scheinfirmen ohne jede sichtbare Produktion balgen sich um das Geld der Anleger. Bereitwillig strömt es ihnen entgegen – auch wenn dann oft nicht viel zurückfließt.

Auf der Suche nach dem Glück erobern Millionen Menschen vom Land die Städte. Sie strömen dorthin, wo das Geld ist, der Glanz und das Vergnügen. Bis zur

Jahrhundertwende wird die Mehrheit der Berliner außerhalb Berlins geboren sein. Binnen zehn Jahren steigt die Einwohnerzahl der Hauptstadt von 658 000 auf fast eine Million, und die Metropole wälzt sich über die umliegenden Dörfer und verdaut sie mit einem Rülpsen von Kohlerauch.

Bauern verkaufen Weiden und Felder für Millionenbeträge. Makler schlagen noch einmal das Fünffache drauf. Neureiche tapezieren die Fassaden der Stadt mit ihrem schlechten Geschmack, mit Abziehbildern von Renaissance und Broadway, Versailles und Venedig, assyrischen Tempeln und Nürnberger Patrizierhäusern. Dem alten Adel auf seinen Landgütern bleibt nichts übrig, als dem Aufstieg der Emporkömmlinge erbittert hinterherzustarren.

Zwar zerplatzt einiges von diesem wuchernden Glück im Börsencrash vom Herbst 1873. Doch der Sog der Göttin Fortuna lässt nicht nach. Glück wird geradewegs zur Pflicht – eine Pflicht, die Nietzsche nicht leicht erfüllen kann.

Wagners Musik aber ist für den fatalistischen Philologen nicht weniger als ein Neuanfang. Sie ist die »Wiedergeburt« der alten griechischen, tragischen Tragödie, die blühte, bevor im 5. Jahrhundert v. Chr. Sokrates kam – und mit ihm der Wahn, »das Dasein korrigieren zu müssen«. Der, glaubt Nietzsche, habe das archaische, das edle, tiefe und blutige Griechenland des Rauschgottes und Menschenzerschmetterers Dionysos mit dem frivolen Streben nach dem Glück verdorben – und mit dem Optimismus. Kein Wunder, dass er, wie Nietzsche süffisant verrät, »zum niedersten Volk« gehörte: »Sokrates war Pöbel.«

Die »Geburt der Tragödie« wird ein Flop. Nietzsches Kollegen attestieren ihm »Größenwahnsinn« und erklären ihn für »wissenschaftlich tot«. Der einzige Mensch, den Nietzsche ernst nimmt und der das Werk schätzt, ist Richard Wagner. Doch auch der lässt ihn fallen, als der Denker in einen Hymnus auf Wagners Opernwerk (die »erste Weltumsegelung im Reiche der Kunst«) auch kritische Töne einstreut. Und als der Jünger 1876 zu den Festspielen nach Bayreuth anreist, sieht er sich schon aus dem engeren Zirkel verbannt.

Wagner schickt ihm sogar, wie Nietzsche empört feststellen muss, noch den ungeheuerlichsten Verdacht hinterher, der seinerzeit auf dem Markt ist: Sein Denken sei »die Folge unnatürlicher Ausschweifungen, mit Hindeutungen auf Päderastie«!

Das kann sich Nietzsche nicht bieten lassen. Als Revanche erklärt er Wagners Musik jetzt zur Neurose und dessen Bühnengestalten zur reinsten »Kranken-Galerie« – und trimmt seine Philosophie entschlossen auf Maskulinität.

Spätestens von nun an pocht er gnadenlos auf »Stärke«. Er feiert das »Überwältigen-Wollen«, das »Niederwerfen-Wollen«, das »Herrwerden-Wollen«, preist den »Durst nach Feinden und Widerständen und Triumphen«. Er polemisiert gegen die »schändliche moderne Gefühlsverweichlichung« mit ihrer »Unmännlichkeit« und »Verzärtlichung«. Und gegen das »große Mitleid mit dem Menschen« – kurz: gegen die Moral.

6. Friedrich Nietzsche

Zwar sind es in der Regel nicht die Stärksten, die sich mit dem Starken Mann identifizieren. Es sind die Leute aus den *trailer parks* und den abgehängten Gegenden des Rust Belt, die einen Präsidenten wählen, der sich als *winner* inszeniert und den *losers* ihr Daseinsrecht abspricht. Und es sind die Kinder in ihrer empörenden Hilflosigkeit, die darauf bestehen, in FC-Bayern-Bettwäsche zu schlafen oder sich Dinosaurier-Poster an die Wand zu hängen.

Nietzsche aber erklärt den Schwachen den Krieg, als könnte er damit die Schwäche selbst überwinden.

Immer klarer wird ihm, dass der Schauplatz, auf dem sein Denken gefordert ist, »das Problem der Rangordnung ist«. Und immer deutlicher erkennt er, dass es nichts gibt, was diese Rangordnung so heillos durcheinanderwirbelt wie das Streben nach dem Guten.

1881 beginnt, mit einem Buch, das er passend »Morgenröthe« nennt, endgültig »mein Feldzug gegen die Moral« – sein »grosser Krieg« gegen dieses »Capital-Verbrechen am Leben«. Moral sei eine Erfindung der Juden. Schon im Buch der Könige verkehrt sich das natürliche Oben und Unten ins Gegenteil: »Den Armen wirst du aufhelfen, aber die Stolzen werden gedemütigt vor deinen Blicken.« Die Christen haben diese Perfidie nur perfektioniert: Wenn Jesus predigt, eher gehe ein Kamel durch ein Nadelöhr als ein Reicher in den Himmel und dass die Ersten die Letzten sein werden – dann haben die »Viel-zu-Vielen«, die »Überflüssigen«, die »Missrathenen, Kranken, Entartenden, Gebrechlichen, nothwendig Leidenden«, wie Nietzsche sie nennt, die Parolen für ihren Sklavenaufstand in der Hand.

Nietzsche weiß: »Nichts ist ungesünder, inmitten unsrer ungesunden Modernität, als das christliche Mitleid.« Das, glaubt Nietzsche, sabotiere nicht zuletzt die natürliche Zuchtwahl: »Das Mitleiden kreuzt im Ganzen Grossen das Gesetz der Entwicklung, welches das Gesetz der *Selection* ist«, erklärt er. »Es erhält, was zum Untergange reif ist.«

Sein eigener Verfall nimmt derweil unerbittlich seinen Lauf. Schon mit 19 hat er sich wie ein Greis gefühlt. Mit 30 freut er sich »bereits wie ein altes Männchen« über jeden Tag, an dem er »nicht an Unverdaulichkeit und Schmerzen erinnert« wird. Mit 34 notiert er: »Ich glaube an keine Genesung mehr.« Mit 35 geht er vorzeitig in Pension: Aus Kulanz zahlt ihm die Baseler Universität immerhin weiter drei Viertel seines Gehalts.

Einmal, 1882, als er durch Vermittlung seiner Gönnerin Malwida von Meysenbug und seines Adepten Paul Rée in Rom die 21 Jahre alte Adlige Lou von Salomé trifft, glaubt Nietzsche noch, das Blatt wenden zu können. Für kurze Zeit sonnt er sich in einer »heiligen Dreieinigkeit« mit ihr und Rée, glaubt sogar, sich in sie zu verlieben. Doch seinen Heiratsantrag lehnt sie ab. Zu allem Überfluss überwirft er sich ihretwegen auch noch mit Mutter und Schwester – und noch im Winter zerbricht auch die »Dreieinigkeit«.

Nietzsche ist allein auf der Welt. Und so erhebt er die Einsamkeit zur Pflicht. »Alleinsein ist die Kur«, befindet er und flüchtet ans Mittelmeer. In Rapallo, in einem

winzigen Zimmerchen im »Albergo della Posta«, ge-
beutelt von Wut- und Migräneanfällen, friert er und isst
so schlecht »wie noch nie«. Er betäubt sich mit Schlaf-
mitteln und Opium, denkt an Suizid. Er geht spazieren,
ein gebeugter Mann mit Stock und Schnauzbart, »an
Pinien vorbei und weitaus das Meer überschauend«.
Und bringt in nur zehn Tagen den ersten Teil von »Also
sprach Zarathustra« zu Papier.

Mit diesem Kraftakt nobilitiert sich der Vereinzelte
zum Solitär, der Ausgestoßene zum einsamen Wolf.
Der verhinderte Egoist baut sich ein Alter Ego, das auf
Anerkennung seiner Selbstliebe nicht mehr angewiesen ist. Das verlorene Kind sucht sich einen imaginären
mächtigen Freund, unsichtbar, aber immer vorhanden.
Der Gedemütigte läutet den »Übermenschen« ein, der
Knecht der vielen Krankheiten feiert die »Große Gesundheit«. Der Verlierer setzt sich selbst den Lorbeer auf
den Kopf: als Sieger, Held und Menschenlehrer namens
»Zarathustra«.

Einst kreuzbraves Kind, dann Schulstreber, schließlich ängstlicher Erwachsener: Jetzt feiert er den lachen-
den, dionysischen Tänzer und Krieger. Je mürrischer er
wird, desto unbarmherziger besteht er auf »Heiterkeit«,
auf »fröhliche Wissenschaft«. Der zwanghaft Sparsame,
der im Leben jeden Pfennig umdreht, identifiziert sich
mit dem »aristokratischen Einzelnen«, der seine Trieb-
und Instinktschätze mit vollen Händen unter die Leute
bringt – ohne Rücksicht auf Gott und Moral.

1882 hat er in Monsieur Bonnets Fotostudio in Luzern
mit seiner »Dreieinigkeit« das berühmte Bild aufgenom-

men: Lou Salomé als Kutscherin mit der Peitsche auf dem Leiterwagen, Rée und Nietzsche als Zugesel. Jetzt ist Salomé für ihn nur noch »diese dürre schmutzige übelriechende Äffin mit den falschen Brüsten«. Jetzt legt er, als wollte er die Konstellation des Fotos umdrehen, im »Zarathustra« einer alten Frau den unsterblichen Slogan in den Mund: »Du gehst zu Frauen? Vergiss die Peitsche nicht.«

Nietzsche glaubt nicht mehr an die Liebe: »Ach, dieser Schmutz der Seele zu zweien!« Jetzt predigt der Incel aus Röcken »die Verachtung für das weibliche Geschlecht«. Frauen mit ihren »Ausbrüchen von grenzenlosem Mitleid« sind niedere Geschöpfe wie »Katzen« und »Vögel« oder, »besten Falles, Kühe« – jedenfalls Tiere, über die dem Mann die »Verfügung« zusteht.

Es muss ihm so wichtig gewesen sein, nicht selbst verwechselt zu werden mit all den »Missrathenen, Verkleinerten, Verkümmerten, Vergifteten«, deren Vormarsch er beobachtet, dass er sich immer neue Ekelnamen für sie ausdenkt. Wie Insekten spießt er sie auf und hält sie ans Licht seiner Verachtung: die »Armen, Ohnmächtigen, Niedrigen«; die »Leidenden, Entbehrenden, Kranken, Hässlichen«; die »Verstimmten, Schlechtweggekommenen, Verunglückten, An-sich-Leidenden«; die »Niedergeworfnen, Zerbrochnen«; die »Schwachen und Heillos-Krankhaften« und »Wurmstichigen«!

Die Vergangenheit kein Grund zum Stolz, die Zukunft ungewiss: Also lässt er seinen Zarathustra die Feier des Jetzt predigen, des Moments: »Auch das Elend der zukünftigen Menschheit soll uns *nichts* angehn.« Und macht sich damit zum okkulten Geistesverwandten jener Markt-Zarathustras, die das Präsens von DAX, Dow Jones und NASDAQ gegen das Futur einer überlebensfähigen Welt ausspielen. Denn was ist die Sorge um die Zukunft anderes als Verrat am Augenblick – der niemals enden soll: Denn »alle Lust will Ewigkeit – will tiefe, tiefe Ewigkeit!«

Je flacher die Kurve seines Ruhms verläuft, desto adlerhafter strebt er in die Vertikale. Aus einem »Abgrund von Gefühlen« erhebt er sich, wie er dem Theologen Overbeck schreibt, »ziemlich ›senkrecht‹ aus dieser Tiefe in meine Höhe«. Meißelt an seiner überlebensgroßen Statue des »Zarathustra«, in Sils-Maria, »6000 Fuß über dem Meere und viel höher über allen menschlichen Dingen!«

Doch auch am »Zarathustra« verdient er so gut wie nichts. Nicht einmal Feinde macht er sich mit dem Werk: Die drei ersten Bände werden von Presse und Öffentlichkeit ignoriert. Sie verkaufen sich 70 Mal; den vierten Band will schon kein Verleger mehr haben. Nietzsche veröffentlicht ihn als Privatdruck, 40 Stück, die er gratis verteilt. Doch die Begeisterung der Empfänger bleibt aus, und so sammelt er alle wieder ein.

»Von einem solchen Anrufe«, klagt er, »nicht einen Laut von Antwort zu hören, nichts, nichts!«

Doch am 3. Januar 1889 geschieht ein Wunder. Der zunehmend Verwirrte fällt in Turin einem Droschkengaul um den Hals und wird in die Psychiatrie eingewiesen – und plötzlich explodieren Ruhm und Auflagen.

»Ach, dieser Schmutz der Seele zu zweien!«

Ausgerechnet ein Akt des Mitleids leitet für den Verächter des Mitgefühls und der Moral den Erfolg ein.

»Umwertung der Werte«! Am Nullpunkt der Schwäche angelangt, erreicht sein Feldzug im Namen der Stärke endlich die ersehnte Kraft.

Nietzsche landet, jetzt buchstäblich jenseits von Gut und Böse, im Baseler Irrenhaus. Man reicht ihn weiter in die Jenaer Psychiatrie, schließlich in die Obhut der Mutter und der Schwester Elisabeth. Die führt den Umnachteten in Naumburg und Weimar einer wachsenden Besucherschar vor wie ein Zirkustier. Als er am 25. August 1900 stirbt, ist er schon Mittelpunkt eines europaweiten Kults der Elite, der Gesundheit und der Verachtung des Schwachen.

1896, in der ersten englischen Übersetzung des »Zarathustra«, heißt sein »Übermensch« noch »BeyondMan«. Doch schon in der zweiten von 1909 wird er zum »Superman« – und so paradoxerweise zum Namensgeber für jenen Alien vom Planeten Krypton, der 1938 als genaues Gegenteil des Vitalismus-Hochstaplers Nietzsche in die Comicgeschichte eingehen wird: der Starke, der zur Tarnung in die Rolle eines Schwachen schlüpft – des linkischen Brillenträgers Clark Kent. Und der sein ganzes Leben jenem »großen Mitleid mit dem Menschen« und mit den »Armen, Ohnmächtigen, Niedrigen« widmet, das Nietzsche so heldenhaft abgestreift hat: Superman, der Moralapostel.

7. Bertolt Brecht

»Erst kommt das Fressen,
dann kommt die Moral«

Dass Kälte gegen Schmerzen hilft, hat ihr die Menschheit nie vergessen. Kälte zieht die Gefäße zusammen, fährt den Stoffwechsel von Nervenfasern und Hautrezeptoren herunter, dämpft die synaptische Aktivität der Schmerzfasern, verlangsamt das Senden von Schmerzsignalen und hemmt die Reizweiterleitung.

Die alten Ägypter kühlten ihre Traumata mit essigsaurer Tonerde. Gegen 400 v. Chr. fand Hippokrates die entzündungshemmende Wirkung von Eis. Um das Jahr 1050 setzten angelsächsische Mönche niedrige Temperaturen erstmals zur örtlichen Betäubung ein. Und auch die Deutschen besinnen sich nach dem verlorenen Ersten Weltkrieg auf die Wohltaten der Kältetherapie.

Nach vier Jahren Weltenbrand, zwei Millionen deutschen Heldentoden und dem Trauma des Zusammenbruchs versuchen es die Bürger der Weimarer Republik mit einer Lokalanästhesie des moralischen Organs. Sie wickeln ihre missbrauchten Seelen in kalte Umschläge. Sie tauchen sie in Eisbäder, traktieren sie mit Eisbeuteln und kühlenden Kompressen. Und sie schwören sich, nie wieder auf das eigene Mitleid oder die eigene Humanität hereinzufallen.

Vor allem die Intellektuellen tragen nach der expressionistischen Leidensgrimasse der Vorkiegszeit jetzt Pokerface. Gerade die Zartesten verbarrikadieren sich gegen die Kälte der Welt mit einem Iglu aus Eis. In der Kultur beherrscht jetzt die »Neue Sachlichkeit« das Klima: Sie steht beispielhaft für den emotional gedämpften Blick, den Maler wie Otto Dix, Rudolf Schlichter und Christian Schad auf die Welt werfen. Deren Ausstellung 1925 in der Mannheimer Kunsthalle macht den Begriff auch für andere Disziplinen populär.

Auch die Welt ist ja sachlich geworden. Seit Mitte des dritten Jahrzehnts geht eine Welle der Rationalisierung und Mechanisierung durch die deutsche Industrie, bauen die Architekten Großsiedlungen im nüchternen Bauhaus-Stil, wachsen in Tegel und Tempelhof Berlins erste Hochhäuser. Steigern die Fließbänder bei AEG, »Wandertische« genannt, die Produktivität um 300 Prozent. Zählen statt großer Ideen nur noch nackte Tatsachen: »Zieh dich aus!« heißt eine beliebte Revue an der Komischen Oper. »Ein Abend ohne Moral in 30 Bildern.«

Denn die Moral ist ein Ballast. Und jedes Gramm wiegt doppelt, wenn man am Boden liegt.

In seiner längst klassisch gewordenen Weimar-Studie »Verhaltenslehren der Kälte« deutet der Literaturwissenschaftler Helmut Lethen den Habitus der »Sachlichkeit« als »Abwehr der Beschämung«. Denn die Folgen von Krieg und Versailler Vertrag, die Schulden, Armut, Arbeitslosigkeit und Geldentwertung der Weimarer Republik nagen am Selbst. Die neue Härte aber presst die zerfallenden Seelen wieder zur prekären Einheit.

Für diese Selbsttherapie liefern Schriftsteller die Rezepte. Der Weltkriegsbarde Ernst Jünger (»Der Kampf als inneres Erlebnis«) will die Literatur auf »Temperaturen unter null« einfrieren. »Hast du plötzlich nicht mehr die Kraft zu lügen, so sei wenigstens grausam«, empfiehlt der Dadaist Walter Serner in seinem »Handbrevier für Hochstapler«. Und sein Kollege Raoul Hausmann fordert: »Weg mit den Gefühlen und edlen Gesten!«

Auch Bertolt Brecht, ein dürrer Mann mit hängenden Schultern und gierigen Augen, dem »asketischen Ausdruck eines Mönches« und der »Durchtriebenheit eines Galgenvogels«, wie sein Theaterdirektor Ernst Aufricht ihn beschreibt, ist ein erstklassiger Soldat der neuen Coolness. Er ist geboren in Augsburg, und in München und Leipzig haben seine kraftstrotzenden Jugendstücke wie »Baal«, »Trommeln in der Nacht« und »Im Dickicht der Städte« die Kritik entzweit und das Publikum zu Pfiffen wie Beifallsstürmen gereizt. Jetzt, 1928, schickt er sich an, mit seiner »Dreigroschenoper« auch die Hauptstadt Berlin zu erobern.

Die »Dreigroschenoper« ist das Remake einer britischen Komödie namens »The Beggar's Opera«, verfasst von dem Dramatiker John Gay, uraufgeführt 1728 und jetzt wieder ein Dauerbrenner auf Englands Bühnen: Ein Gangsterboss heiratet die Tochter eines Bettlerchefs; der Vater versucht, den Schwiegersohn durch eine Anzeige loszuwerden, doch der Gangster steht mit dem Polizeipräsidenten im Bund. Es gibt etwas Spott auf die bürgerliche Gesellschaft und jede Menge buntes

Personal: Banditen, Bettler und Huren. Es ist ein scharfer Cocktail aus Bibelzitaten, Bonmots und Gaunersprache – und einer Kette von »Songs«, geschrieben mit dem Komponisten Kurt Weill, die mit Verve das Lebensgefühl der Zeit illustrieren. In einem der Songs gibt Brecht die neue Parole aus: »Erst kommt das Fressen, dann kommt die Moral.«

Auch Brecht hat sich die Gefühlsduseleien gründlich ausgetrieben. 1924 hat ihn der Regisseur Erich Engel, künstlerischer Leiter an Max Reinhardts Deutschem Theater, als Dramaturgen an seine Bühne geholt: In Berlin (»eine graue Stadt, eine gute Stadt«) hat er sich gleich fröstelnd zu Hause gefühlt. »Da ist Kälte«, hat er sich gesagt, »friss sie!« – und beschlossen zu bleiben.

Auch Engel ist ein sachlicher Mann, der das »Auskälten« von Szenen verlangt und den »objektiven Regisseur« propagiert. In Berlin darf Brecht Stücke sichten und, etwa angesichts einer Komödie des Kollegen Robert Musil, gelegentlich das Wort »Scheiße« auf ein Manuskript malen. Um die lässige Haltung auch in den Schauspielhäusern einzuüben, schlägt er – wenn auch ohne Erfolg – vor, den Zuschauern dort den Tabakgenuss zu erlauben: Dazu könne man das Haus auch gleich in »Episches Rauch-Theater« umbenennen.

Man müsste Stücke schreiben wie mathematische Formeln, malt er sich aus. Die Ästhetik des Dramas will er mit Einstein versöhnen: Dessen Relativitätstheorie passt gut zum moralischen Relativismus der Zeit. Brecht will den Eindruck vermeiden, »als hielte man den Menschen für etwas übertrieben Wertvolles«. Das

»emotionelle Theater«, sagt er, sei »tot«, Gefühle »Privatsache und borniert«.

In seinem Stück »Mann ist Mann« hat Brecht den Menschen als Maschine vorgeführt: »Hier wird heute abend ein Mensch wie ein Auto ummontiert / Ohne dass er irgend etwas dabei verliert.«

Denn nicht für sich selbst verantwortlich ist der Mensch, sondern ein Spielball der Verhältnisse – ganz wie in den Filmen Charlie Chaplins, die im Berlin dieser Jahre zuverlässig für ertapptes Gelächter sorgen. Und nicht der Geist regiert das Leben, sondern Naturgesetze: Die Persönlichkeit, für Goethe noch »höchstes Glück der Erdenkinder«, ist den Pawlow'schen Reflexen der Behavioristen gewichen, die seit einem guten Jahrzehnt die Lehre vom Menschen umkrempeln. Die Deutschen haben eine Herdenimmunität entwickelt gegen das Virus der Empathie. »Psychologie ist Feigheit« – das muss, so der Starkritiker Herbert Ihering, auch für das Theater gelten.

Feinsinnige Seelenzergliederungen sind von Brechts »Dreigroschenoper« tatsächlich nicht zu befürchten. Sie ist, wie der Theaterdirektor Aufricht lobt, »eine lustige literarische Operette mit einigen sozialkritischen Blinklichtern«. Und Lustiges ist in den abgebrühten Zwanzigern, die möglichst nichts mehr ernst nehmen wollen, immer gut. Denn das Berlin jener Jahre ist eine Spaßgesellschaft, die keinen Jux auslässt. Die Überlebenden von Krieg, Straßenkämpfen und Inflation berauschen sich an Miss-Wahlen im Lunapark und »50 wilden Kongoweibern« im »Passage-Panopticum«, an Charleston im »Kakadu« und Schiebertanz bei »Clärchens Witwenball«.

Sie lachen über Clowns wie Grock oder Charlie Rivel, lauschen den Couplets von Otto Reutter und Claire Waldoff, trällern *a capella* die Schlager der »Comedian Harmonists«. Zu den großen Turnieren im Sportpalast, zu Boxen, Eishockey und Sechstagerennen, zieht es nicht nur Bierkutscher und Chauffeure, sondern auch Aristokraten, Händler und Bankiers. Und die Leute vom Theater.

Denn die Kunst ist tot. Jetzt geht es darum, »zu tanzen, Sport zu treiben, zu reisen und auf ingeniöse Weise Geschäfte zu machen«. Das sittliche Verantwortungsgefühl hat ausgedient: »Sämtliche Symptome des schlechten Gewissens (bim!), der Schuld (bam!)« sind, so heißt es 1920 in Walter Serners dadaistischem Manifest, »Quatsch«.

Schuldig fühlen sich die Deutschen nur noch, wenn sie dem Befehl zum Spaß nicht genügen. Sie entdecken das Radio, das, 1923 in Deutschland eingeführt, jetzt zum Massenmedium wird. Sein »Mahagonny-Songspiel« hat Brecht in einem Boxring aufführen lassen. Friede den Jahrmarktsbuden, Krieg den Elfenbeintürmen – »Ich glaube«, sagt er, »die Oberfläche hat eine große Zukunft.«

Und wenn 11 000 Zuschauer täglich zu den schenkelschwingenden Damenarmeen in die Revuetheater strömen, deren Shows »Drunter und drüber« heißen, »Berlin ohne Hemd« oder »Von Bettchen zu Bettchen«, lobt Brecht: »Ich freue mich, dass in den Varietés die Tanzmädchen immer mehr gleichförmig aufgemacht werden. Es ist angenehm, dass es viele sind und dass man sie auswechseln kann.« Das wird Andy Warhol Jahrzehnte später nicht nonchalanter ausdrücken können.

So rasend schnell wandelt sich die Welt, dass viele nach Methoden der Konservierung Ausschau halten. Und so ist auch das Herunterfahren der emotionalen Funktionen, das sich die Neusachlichen verschreiben, letzten Endes ein kryonisches Projekt – eine Überlebenstechnologie wie das Sich-einfrieren-Lassen in flüssigem Stickstoff, in Isolierbehältern aus glitzerndem rostfreien Stahl treibend, das Blut durch Frostschutzmittel ersetzt. In einem solchen Tod auf Zeit kann der Mensch derselbe bleiben, während die Welt um ihn herum ihre Purzelbäume schlägt.

Und im Theater. Das Theater in der Weimarer Republik ist, wie der Kritiker Ludwig Marcuse sagt, »die Kirche der Zeit«. Es ist die Religion einer Republik, die nicht von ungefähr auf einer Bühne gegründet worden ist – im Nationaltheater zu Weimar, dem einstigen Hoftheater, wo am 6. Februar 1919 die Nationalversammlung tagte. Es ist ein Glaube, um den gefochten wird – mit Anmut und Fanatismus; im Zuschauerraum, in Kneipen und in Tageszeitungen; mit Aperçus und Beleidigungen, mit Ohrfeigen, Trillerpfeifen und Stinkbomben. Und nicht zuletzt ist es: ein Wasserstandsmelder für die Befindlichkeiten und Empfindlichkeiten der Republik.

Denn die gilt es zu treffen, so punktgenau wie möglich. Rund 50 Bühnen werben um die Aufmerksamkeit der überreizten Hauptstädter. Und so bewirbt sich auch

Ernst Josef Aufrichts neue Bühne am Schiffbauerdamm mit Brechts »Dreigroschenoper« um den Preis für die getreulichste Selbstvergewisserung der neuen Mentalität.

Gleich zum Auftakt erklingt, begleitet von Drehorgelgeleier, ein Werbespot für einen Killer: »Und der Haifisch, der hat Zähne, / Und die trägt er im Gesicht, / Und Macheath, der hat ein Messer, / Doch das Messer sieht man nicht.« Dazu der Auftritt des eleganten Frauenschwarms, der mühelos die Herzen leichter Damen und die Loyalität schwerer Jungs erringt – »Mackie Messer, / Dem man nichts beweisen kann«.

So eine Koketterie mit dem Bösen kommt an in dieser mitleidsverachtenden Zeit. Das Nachkriegsberlin hat ein Herz für Gauner. Gern wirft sich die Hauptstadt in die rohe Pose, Augen zusammengekniffen, Zigarre im Mund. »Jeder etwas zeitgemäße jüngere Mann«, so der Kritiker Willy Haas, Herausgeber der »Literarischen Welt«, trägt ja »diese neue Brutalität im Knopfloch«. Die Zeit sei »reif für den gallenbitteren Zynismus, die Brutalität, den harten Knockout der Songs von Brecht und Weill«.

Es ist das Jahrzehnt der großen Zahl – daran hat auch das Ende der Inflation 1923 nichts geändert. Der Einzelne, das bürgerliche Individuum, ist nicht mehr viel wert. Er ist in den Kanonenfeuern des Weltkriegs verheizt worden, der »ganze Mann« von Granaten zerrissen, der edle Mensch, hilfreich und gut, in Stahlgewittern zerschmettert. Ein Witz, noch Seelen zu ergründen, sagt Brecht – »als ob nicht das Individuum schon lang einfach auseinandergefallen wäre«.

Die Kunst soll jetzt sein wie die Boxkämpfe – diese »großen mythischen Vergnügen der Riesenstädte von jenseits des großen Teiches«, wie Brecht schwärmt. Der »Faust«-Darsteller Fritz Kortner nimmt jetzt Unterricht beim Faust-Kämpfer Max Schmeling. Und auch Brecht lässt sich fürs Foto von Schmeling den Boxhandschuh unter die Nase halten, verknappt seinen Vornamen zu »Bert«, kauft sich einen Punchingball und schreibt mit dem Schwergewichtsmeister Samson-Körner an einem Buch, das nie fertig werden wird: »Die Menschliche Kampfmaschine«.

Boxen ist ein Sport für Männer, die noch einmal Männer sein wollen. Denn in der Republik haben sich die Grenzen zwischen den Geschlechtern bedrohlich verwischt. Zwei Millionen Soldaten sind aus dem Krieg nicht zurückgekehrt, und die Überlebenden sind oft körperliche wie seelische Wracks, als Familienvorstand nicht mehr zu gebrauchen. Seit 1918 dürfen Frauen wählen, und jede dritte deutsche Ehefrau geht arbeiten, verdingt sich als Telefonistin, Stenotypistin oder Verkäuferin in einem der prächtigen neuen Warenhäuser, die jetzt überall eröffnen: 1,5 Millionen weibliche Angestellte verdienen ihr knappes, aber doch eigenes Geld.

Sogar Ärztinnen und Rechtsanwältinnen eröffnen ihre Praxen und Kanzleien, dürfen seit 1922 sogar Richterinnen und Staatsanwältinnen werden. Die »Neue Frau« geht ins Büro und in die Bar, treibt Sport und trägt Kostüme im Schnitt von Herrenanzügen am knabenhaften Körper – manchmal sogar Hosen wie Marlene Dietrich.

Und die Kabarettistin Claire Waldoff brüllt, dekoriert mit Anzug, Krawatte und feuerrotem Bubikopf, lauthals von Berliner Varieté-Bühnen: »Ich sag es ganz frei, die Zeit ist vorbei: Wir spielen nicht mehr Heimchen am Herd!« Und: »Raus mit'n Männern ausm Reichstag / Und raus mit'n Männern ausm Landtag / Und raus mit'n Männern ausm Herrenhaus / Wir machen draus ein Frauenhaus!«

Im »Eldorado« im Berliner Nollendorfkiez feiern breitschultrige Kerle im zarten roten Kleid, mit Ohrring und Fächer und grünen Ketten um den kräftigen Hals. Androgyne Tänzerinnen wie die legendäre Anita Berber stellen herausfordernd ihre Affären mit Männern und Frauen zur Schau. Schwule, Lesben, Bisexuelle, Transvestiten und Transgender-Menschen aus Westeuropa, Skandinavien, Russland und den USA pilgern in die Hauptstadt, flirten im »Cosy Corner« am Halleschen Tor oder einem anderen der 170 von der Polizei überwachten Schwulenlokale – oder den etwa hundert Frauenclubs und Lesbenbars wie dem »Café Nollendorf« oder dem »Toppkeller«, wo sich Bubikopf-Frauen in Zylinder und Tropenhut amüsieren, rauchend, die Hand in der Hosentasche oder in die Hüfte gestemmt.

Neue Zeitschriften wie »Das Magazin«, »Die Freundin« und das Homosexuellen-Organ »Die Insel« (Auflage 150 000) nehmen sich, lange vor ähnlichen Projekten in anderen Ländern, der neuen Zielgruppen an: Darin schalten nicht nur Bars Anzeigen, sondern auch Friseure, Schneider, Ärzte, Rechtsanwälte und Privatdetektive.

So ist es kein Wunder, dass konservative Politiker lautstark die »Feminisierung der Männerwelt« beklagen. Und auch auf der Linken wächst die Verunsicherung angesichts der »Neuen Frau«.

In der forcierten Coolness der »Neuen Sachlichkeit« sind nicht nur klassische Symptome der Schamabwehr versammelt, wie sie jede Psychoanalytikerin erkennt – das Erstarren der Körper, das Pokerface und die ausgestellte Nonchalance, die sich durch nichts mehr berühren lassen will. Hier blüht auch die Macho-Allüre, die der Analytiker Léon Wurmser in seinem Standardwerk »Die Maske der Scham« als Abwehr von Kastrationsangst deuten wird, als Selbstverdacht mangelnder Maskulinität sowie »das nagende Gefühl der Wertlosigkeit«.

Auch Brecht, als Prolet kostümiert mit Lederjacke, Ledermütze und Zigarre, ist ein ergebener Jünger dieses Männlichkeitskults. Genießerisch malt er sich Frauenfiguren aus, die Brutalos wie den »Surabaya-Johnny« anhimmeln (»Warum bist du so roh? / Mein Gott, und ich liebe dich so!«) und dann in dessen dreckiges Grinsen hineinflehen: »Nimm doch die Pfeife aus dem Maul, du Hund.«

Und auch in der »Dreigroschenoper« lässt er Lotte Lenya als Hure Jenny die gewalttätige Zuwendung ihres Zuhälters, der ihr, wenn's sein muss, herzhaft »eine ins Zahnfleisch« pflanzt, als häusliches Idyll feiern: »Das war so schön in diesem halben Jahr, / In dem Bordell, das unser Haushalt war.«

Nicht nur in der moralischen Kälte sucht der Mann

der Weimarer Zeit, der sich von der »Feminisierung« bedroht fühlt, seine Zuflucht. Er schnürt den zerfallenden Körper zudem in Uniformen ein – die Waffenröcke von Freikorps und Stahlhelmbund, die Schaftstiefel der SA, die khakifarbenen Schirmmützen des Reichsbanners Schwarz-Rot-Gold, die Russenblusen des Rotfrontkämpferbundes. Das geschlagene, heillos verstreute Heer, die marodierenden Freikorps und die Straßenkampfgruppen der politischen Parteien werden zu Laiendarstellern einer von Empathie und Rücksicht befreiten Kriegergesellschaft.

Eine Parade der Korsette, der Körperpanzer. Und die lässt, wie die Historikerin Hedwig Richter in ihrer Geschichte der Demokratie seit dem 18. Jahrhundert vermutet, »gewiss auch auf Gefühle fragiler Männlichkeit« schließen: »Die heroische Inszenierung, das Martialische, die Fackeln und Gewaltexzesse und die zur Schau gestellte Härte verweisen darauf, dass es nicht zuletzt um den Willen ging, die scheinbar in Unordnung geratene Geschlechterordnung wieder ins Lot zu bringen.«

Auch auf der linken Seite sind nicht mehr Verhandlung, Überzeugung, Volksaufklärung oder gar -verführung gefragt, sondern männliche Disziplin (»Die Jugend Lenins und Liebknechts marschiert!«). Auch Kommunisten und Sozialisten bringen sich »auf Linie«, formatieren sich zum »Block«. An die Stelle von Volksbildung und kritischer Reflexion tritt das Selbstideal vom kühlen, unsentimentalen Kämpfer. »Es macht uns ein Geschwätz nicht satt«, wird Brecht einige Jahre später in

seinem »Einheitsfrontlied« texten und den Marschbe-
fehl ausgeben: »Drum links, zwei, drei!«

Mit solcher Art heroischer Selbstzurichtung stählt
sich der militante Arm der Weimarer Linken gegen die
Zumutungen der Weichherzigkeit. Er macht Urlaub
vom Humanismus – der noch in den Anfängen des So-
zialismus durchaus angelegt war: Damals, gerade einmal
achtzig Jahren vorher, ging es für dessen Erfinder nicht
so sehr um Tarifverträge, Achtstundentag oder Sow-
jetmacht plus Elektrifizierung. Es ging um viel mehr:
nämlich darum, wie der junge Marx 1844 in seiner »Kritik der Hegelschen Rechtsphilosophie« formulierte,
»alle Verhältnisse umzuwerfen, in denen der Mensch
ein erniedrigtes, ein geknechtetes, ein verlassenes, ein
verächtliches Wesen ist«.

Und was war das anderes als ein empathischer Ap-
pell, ein Kampfruf des Mitleids?

Es war Moral erster Güte – so sehr, dass der 26-jährige
dafür sogar den Kant'schen Begriff des »kategorischen
Imperativs« bemühte. Eine nahezu unparteiische, uni-
verselle Moral, die nicht einfach Klasseninteressen im
Auge hatte, sondern »*den Menschen*«. Eine abstrakte
und deshalb auch nur philosophisch zu rechtfertigende
Moral – wie die Erklärung der Menschenrechte, die
Bergpredigt oder die Zehn Gebote.

Bald aber bezweifelten Marx und Engels, dass humanitäre Motive überhaupt existierten. Moral, behaup-
teten sie nun, sei »nichts als der ideelle Ausdruck der
herrschenden materiellen Verhältnisse« – also genau
das, was es zu bekämpfen galt. Es gebe keine guten

oder schlechten Absichten, sondern nur Klasseninteressen. (Eine Theorie, die nicht ganz erklärt, wie aus dem schwerreichen Textilfabrikanten Friedrich Engels, gegen sein Klasseninteresse und ganz ohne moralischen Kompass, ein Fürsprecher der Ausgebeuteten werden konnte.)

Sogar der Kampf für »das Menschenrecht«, den doch die »Internationale« beschwört, war nun laut Marx und Engels letztlich nichts als eine »bürgerliche Forderung«. Der Kapitalismus sei nicht aus moralischen Gründen zu kritisieren, sondern sozusagen aus hegelianischen: Schließlich sei er ganz absichtslos, nach objektiven geschichtlichen Gesetzen, an die Herrschaft gelangt – und jetzt nach denselben Gesetzen dem Untergang geweiht.

Die Moral kann in diesem zwangsläufig ablaufenden Prozess nur ein Bremsklotz sein. Denn je größer das Leid, desto früher muss ja die Revolution kommen. Und so ist jeder Versuch, das Elend mit Güte, Freundlichkeit und Wohltätigkeit zu lindern, ein Verbrechen, weil es den Umsturz verzögert.

Dieser heroische Amoralismus spukt seither durch die Geschichte der Linken. Er fand seinen klarsten Ausdruck im kategorischen Vorrang der ökonomischen Basis vor dem kulturellen Überbau, später in Mao Zedongs Doktrin vom »Hauptwiderspruch« zwischen Arbeit und Kapital und den vorerst zu vernachlässigenden »Nebenwidersprüchen«. Zwischen echtem, hartem Klassenkampf also und dem, was Gerhard Schröder später als »Gedöns« abtun sollte – die Emanzipation der Frauen zum Beispiel.

Diese Impfung gegen die humanitäre Versuchung produziert in den Jahren der Weimarer Republik noch einmal wirksame Antikörper. In einer Zeit emotionaler Knappheit schafft sich die Vorstellung Raum, menschliche Motivationen seien eine begrenzte Ressource, ein rarer, umkämpfter Rohstoff wie Erdöl oder Coltan – und der abgebrühte Stolz, dieses Gesetz erkannt und für sich nutzbar gemacht zu haben.

In Brechts »Dreigroschenoper« wird diese knickerige Idee jetzt zum programmatischen Song. »Ein guter Mensch sein! Ja, wer wär's nicht gern?«, singt der Bettel-Unternehmer Jonathan Jeremiah Peachum. »Sein Gut den Armen geben? Warum nicht? / Wenn alle gut sind, ist Sein Reich nicht fern. / Wer säße nicht sehr gern in Seinem Licht? / Ein guter Mensch sein? Ja, wer wär's nicht gern? / Doch leider sind auf diesem Sterne eben / die Mittel kärglich und die Menschen roh. / Wer möchte nicht in Fried'n und Eintracht leben? / Doch die Verhältnisse, sie sind nicht so!«

Und Frau und Tochter stimmen ein: »Da hat er eben leider recht, / die Welt ist arm, der Mensch ist schlecht.«

Und weil diese Vorstellung für sparsame Gemüter so verführerisch ist, greifen noch heute nicht nur Konservative, sondern auch Menschen, die sich »links« nennen, auf sie zurück: Auch im 21. Jahrhundert spielt mancher standhafte Klassenkämpfer etwa die Besitzstände einheimischer Facharbeiter gegen die Armen und Verfolgten der Welt aus oder die Abstiegsangst des deutschen Handwerkers gegen den Respekt vor Frauen und ausgegrenzten Minderheiten.

Und es scheint die Buchhalter der politischen Antriebe nicht zu bekümmern, dass sie damit nicht nur die »erniedrigten, geknechteten, verlassenen und verächtlichen Wesen« verraten, für die Marx einst zur Solidarität aufrief, sondern auch den Internationalismus, der spätestens seit dem »Kommunistischen Manifest« (»Proletarier *aller* Länder, vereinigt euch«) einen Markenkern aller linken Bewegungen darstellt: »Die Arbeiter haben kein Vaterland.«

Die Premiere der »Dreigroschenoper« am 31. August 1928 wird ein Triumph. »Das war ein großer Sieg!«, steht am nächsten Tag im »Zwölf-Uhr-Mittagsblatt«. Die Zeitung prophezeit der Inszenierung 500 Aufführungen. Selbst der kiebige Kritiker Alfred Kerr, der bislang Brechts Stücke hartnäckig als »völlig wertlosen Kram« geschmäht hat, muss jetzt zugeben, einen »prachtvollen Abend« verlebt zu haben.

Auch sein Gegenspieler Herbert Ihering rühmt das gelungene Wagnis, »mit einem handlichen, unterhaltsamen Gebrauchsstück« trotzdem noch Kunst zu schaffen – »eine andere Welt«, in der »die Grenzen zwischen Tragik und Humor gefallen sind«. Nur der Schriftsteller Elias Canetti wird sich später an eher gemischte Gefühle erinnern: »Es war eine raffinierte Aufführung, kalt berechnet. Es war der genaueste Ausdruck dieses Berlin. Die Leute jubelten sich zu, das waren sie selbst, und sie gefielen sich. Erst kam ihr Fressen, dann kam ihre Moral, besser hätte es keiner von ihnen sagen können, das nahmen sie wörtlich. Jetzt war es gesagt, keine Sau hätte sich wohler fühlen können.«

7. Bertolt Brecht

Im Theater am Schiffbauerdamm aber sind die Vorstellungen auf drei Wochen ausverkauft. In Jahresfrist wandert das Stück nach Prag, Moskau, Riga, Wien, Zürich, Basel, kommt bis 1933 auf mehr als 10 000 Aufführungen. Die Berliner pfeifen die Melodien auf der Straße; Mädchen schwärmen für schöne Schufte vom Schlage Macheaths; Dekorateure drucken Tapeten mit Motiven aus der Oper; eine »Dreigroschenbar« spielt ausschließlich die Musik von Brecht/Weill.

Es wird der größte Theatererfolg der Epoche.

Brecht verfügt endlich über das Einkommen, das sein Held Macheath zum Daseinszweck menschlicher Existenz erklärt hat: »Nur wer im Wohlstand lebt, lebt angenehm!« Er mietet eine Fünf-Zimmer-Atelierwohnung in der Nähe des Kurfürstendamms, kauft ein Auto der Firma Steyr, fährt es gegen einen Baum. Und schreibt, gegen Bereitstellung eines neuen Wagens, ein Reklamegedicht mit dem Titel »Singende Steyrwägen«: »Wir liegen in der Kurve wie Klebestreifen. / Unser Motor ist: / Ein denkendes Erz. / Mensch, fahre uns!!« Es ist das letzte Jahr vor der großen Wirtschaftskrise – die auch viele Theater ruiniert.

Brecht aber schreibt ungerührt das Stück zum Crash: »Die heilige Johanna der Schlachthöfe«. Es handelt von einer tapferen, aber naiven kleinen Heilsarmee-Soldatin, die an das Gute im Menschen glaubt und daran, den Raubtier-Kapitalismus mit Moral zähmen zu können. Natürlich scheitert sie an den unerbittlichen Mechanismen des Markts und den unverrückbaren Gesetzen des Klassenkampfs. Sterbend ruft sie aus: »Wie gerufen kam ich den Unterdrückern! Folgenlose Güte! Unmerkliche Gesinnung! Ich habe nichts geändert.«

Das Stück ist ein offener Spott auf das Johanna-Drama Friedrich Schillers und dessen Idee vom Theater als »moralischer Anstalt«. Und es ist im Macho-Kontinuum von »Neuer Sachlichkeit« und soldatischer Linker gewiss kein Versehen, dass diesen Ausbund von Gewissen, Moral und folgenloser Sentimentalität eine Frau verkörpern muss.

Brecht wird die Uraufführung seiner »heiligen Johanna« nicht mehr erleben. Auch an dem Erfolg der »Dreigroschenoper« hat er nicht lange Freude: Drei Jahre nach der Beendigung des Stücks ergreifen die Nationalsozialisten die Macht. Der einstige Expressionist Hanns Johst übernimmt im Februar 1933 die Dramaturgie des Berliner Staatstheaters: Dort kommt, pünktlich zu Hitlers Geburtstag am 20. April, Johsts Stück über den rechtsradikalen Ruhrkampf-Märtyrer Leo Schlageter zur Uraufführung.

»Wenn ich Kultur höre«, sagt darin ein nationaler Kämpfer, »entsichere ich meinen Browning!« Das ist das Programm der kommenden Jahre – und die finstere Ironie der Geschichte. Der Versuch, die Kunst mit Kunst zu überwinden, wird jetzt abgebrochen durch deren Exekution. Den Spott auf das Gute trampelt das Böse nieder. Die elegante Attitüde der Rohheit muss der Brutalität des Nazi-Alltags weichen.

Dem Spiel vom Ende des Individuums folgt der blutige Ernst.

Bertolt Brecht kann nach Prag flüchten; Kurt Weill

geht nach Paris, Lotte Lenya und Ernst Josef Aufricht retten sich in die Schweiz. Kurt Gerron, der Mann an der Drehorgel, stirbt in der Gaskammer von Auschwitz.

Und mit der Moral wird bald auch das Fressen knapp. 1937 rationiert das Regime Butter und Schmalz. Und gibt die Parole aus: »Trocken Brot macht Wangen rot.«

8. Arnold Gehlen

»Sich von den Institutionen
konsumieren lassen«

Die Moral kommt als Schlag von hinten, kurz und rasch mit dem Handrücken geführt. Der Getroffene, noch etwas schläfrig von einer frisch überstandenen Grippe, spürt sie, wie er später berichten wird, als »Klaps«, als hätte ein Aktenordner oder das Tablett eines Kellners sein Gesicht gestreift; dann einen Schmerz am linken Auge. Die Moral hinterlässt einen braunen Bluterguss.

Es ist eine kleine, 27 Jahre alte Frau mit kastanienbraunem Haar, weißem Rollkragenpullover und rotem Rock mit breitem Gürtel, die an diesem 7. November 1968 auf dem CDU-Parteitag die Moral zu etwas Handfestem werden lässt, hart und glänzend wie ein Diamant. Mit einem geliehenen Presseausweis hat sie sich ins Berliner Kongresszentrum getrickst, ist durch die Menge der Delegierten zum Vorstandstisch geschlichen und hat sich von hinten an ihr Ziel herangepirscht: Kurt Georg Kiesinger, Vorsitzender der CDU und Kanzler der Bundesrepublik Deutschland.

»Nazi«, ruft sie. »Nazi!« Dann schlägt Beate Klarsfeld zu.

Kiesinger ist einer von Hunderttausenden NSDAP-Mitgliedern, die es nach dem Ende des Naziregimes auch in der Demokratie zu Amt und Würden gebracht haben. 1933 tritt er unter der Nummer 2633930 in die Partei ein und wird stellvertretender Abteilungsleiter im Reichsaußenministerium. 1948 schüttelt er sich kurz, schlüpft in der neu gegründeten CDU unter und macht sich dort an den steilen Aufstieg, der ihn 1966 ins Kanzleramt führt.

Eine solche Karriere ist in diesen Jahren nichts Besonderes – eine Normalität zum Achselzucken, ein ganz gewöhnlicher Skandal. In den Amtsstuben, Vorstandsetagen, Parlamenten und Kunsttempeln der neuen Republik haben sich hochrangige Täter und Profiteure des NS-Staats wie Otto Fürst von Bismarck, Karl Carstens, Hans Filbinger, Friedrich Flick, Hans Globke, Herbert von Karajan, Josef Neckermann, Herbert Quandt, Karl Schiller und Hanns-Martin Schleyer eingenistet, als gäbe es kein Gestern. Ohne größeren öffentlichen Widerspruch besetzen sie wieder Schaltstellen in Politik, Wirtschaft und Kultur.

Das wundersame Comeback dieser bleichen Kohorte bildet den sepiafarbenen Hintergrund für Beate Klarsfelds moralische Attacke. »Es war die Ohrfeige der Jugend«, wird sie später erläutern, »gegen die Nazi-Generation.«

Ein beispielhafter Vertreter dieser Generation ist der Soziologe Arnold Gehlen. Gehlen ist nicht nur »der klügste aller deutschen Faschisten« (Hans Magnus Enzensberger), sondern auch Pionier einer neuen Stoßrichtung der Moralkritik: als Plädoyer der Verteidigung. Mit dem gezüchtigten Kanzler hat er nicht nur das Geburtsjahr 1904 gemeinsam, sondern auch das des Beitritts zur NSDAP: 1933.

Wie Kiesinger hat auch dem Privatdozenten Gehlen dieser Schritt eine glänzende Laufbahn geebnet. Gleich 1933 unterschreibt er das »Bekenntnis der deutschen Geisteswelt zu Adolf Hitler« – und schon zum Sommersemester besetzt er den Frankfurter Lehrstuhl des als »politisch unzuverlässig« entlassenen Religionsphilosophen Paul Tillich. 1934 wird er Professor in Leipzig, 1938 in Königsberg, 1940 in Wien.

Im selben Jahr erscheint sein Hauptwerk »Der Mensch. Seine Natur und seine Stellung in der Welt«. Darin betont er, im dröhnenden Einklang mit den Parolen seiner Regierung, die »Zuchtbedürftigkeit« des *Homo sapiens*, beschwört »oberste Führungssysteme« und »germanische Charakterwerte«. Und er führt seinen zentralen Begriff ein: den der »Institution«.

Ein Begriff wie ein Panzer. Institutionen wie Familie und Justiz sind, so führt Gehlen in der Folge immer eindringlicher aus, künstliche, aber notwendige Gerüste, Exoskelette für das hilflose »Mängelwesen« Mensch. Der wäre mangels tierischer Instinkte und physischer Kraft sonst ungeschützt seiner Umwelt ausgeliefert – und den eigenen Regungen: An Stelle des persönlichen Gewissens, das den Einzelnen überfordere, bietet ihm die Institution verlässlicheren Halt in Dienst und Gehorsam. Sie schenkt ihm »Hierarchien«, die, »als selbstverständlich bejaht«, wie Gehlen ausführt, »zweifellos zur inneren Befriedigung« beitragen. »Sich von den Institutionen konsumieren zu lassen gibt einen Weg zur

Würde für jedermann frei«, schreibt er, »und wer seine Pflicht tut, hat ein Motiv, das von jedem anderen her unbestreitbar ist.«

Der Inbegriff der Institution ist selbstverständlich der Staat. Der liegt Gehlen so sehr am Herzen, dass er sogar für die Niederschlagung des Prager Frühlings im August 1968 durch die Sowjetarmee noch ein gutes Wort einlegen wird. Gehlens Projekt einer umfassenden »Philosophie des Nationalsozialismus« bleibt allerdings unvollendet: 1945 ist, aus bekannten Gründen, dessen Weltexpansion auch für Gehlen zu Ende.

Die Entnazifizierung übersteht Gehlen aber ohne große Probleme. An die großen Universitäten schafft er es zwar nicht mehr, wird Professor für Soziologie an der Hochschule für Verwaltungswissenschaften in Speyer, dann an der Technischen Hochschule Aachen. Doch er bleibt gefragter Gesprächspartner, diskutiert vor öffentlichen Mikrofonen und Kameras mit Adorno und Beuys – immer gut aufgelegt mit seinem Schnurrbärtchen, seiner jovial kieksenden Stimme und dem zerstreuten Kichern über den eigenen Jux.

Lange sieht er sich getragen von der barmherzigen Welle des Vergessens, die so viel trägt in diesen gespenstischen Nachkriegsjahren: Um 1950 sind mehr als 90 Prozent aller bayerischen Richter und Staatsanwälte ehemalige Parteigenossen, im Bundesaußenministerium jeder Dritte. Ex-SS-Offiziere bauen das Bundeskriminalamt auf. Und auch Reinhard Gehlen, Cousin des Soziologen, einst Hitlers Topspion und nach dem Krieg Chef der antikommunistischen Spitzeltruppe

8. Arnold Gehlen

»Organisation Gehlen«, darf 1956 mit Adenauers Segen den Bundesnachrichtendienst ins Leben rufen.

In den 1960er Jahren aber schwindet die Selbstverständlichkeit, mit der Gehlens abgewirtschaftete Gesinnungsgenossen auch den neuen Laden übernommen haben. 1963 bringt der hessische Generalstaatsanwalt Fritz Bauer 22 Verwalter und Handlanger des KZ Auschwitz vor Gericht. Sechs von ihnen werden zu lebenslanger Haft verurteilt. Die Angeklagten verteidigen sich, sie hätten nur Befehle ausgeführt.

Es ist nicht überliefert, ob Gehlen diese Verteidigungslinie billigt. Aber ist es nicht gerade seine wohltätige »Institution«, auf die sich die Beschuldigten berufen? Ist es nicht genau die »Entlastung«, die Gehlen dem Dienst und dem Gehorsam in einer solchen Institution zuschreibt, die jetzt die Angeklagten einfordern?

Gehlen hat sich entschlossen, über diese Vergangenheit zu schweigen. Nur in Thomas Wagners Buch »Die Angstmacher« erzählt Karl-Siegbert Rehberg, Herausgeber der Gehlen-Gesamtausgabe, wie es einmal bei einer gemeinsamen Autofahrt aus dem Professor herausbricht: »Mir hat heute jemand geschrieben aus Frankreich. Was ich im Dritten Reich gemacht hätte. Der Mann ist wohl verrückt geworden.«

Doch vor allem die Studierenden stellen zunehmend Fragen nach dem Vorleben ihrer Väter. Auch den Bundespräsidenten Heinrich Lübke, der im Dritten Reich als Bauleiter Zwangsarbeiter bestellt und Pläne für KZ-Baracken entworfen hat, lassen sie nicht in Ruhe. Und 1968 holt Beate Klarsfeld gegen den Kanzler aus.

Erscheint Gehlen nun dieser Kurt-Georg Kiesinger, mit dem er nicht nur die ideologische Prägung teilt, sondern wie durch eine unheimliche Fügung sogar die entscheidenden Lebensdaten, vielleicht wie ein ferner Zwilling? Spürt er vielleicht den moralischen Hieb der Beate Klarsfeld als Brennen im eigenen Gesicht?

Jedenfalls erscheint im folgenden Jahr sein Buch »Moral und Hypermoral«. Darin rechtet er mit einer Moral, die zu frech wird, die sich zu viel herausnimmt, die sich mit den »Institutionen« anlegt. Er rechnet ab mit der »Ideologie vom guten Menschen«. Und es ist kein Zufall, dass darin schon der »Gutmensch« aus der Moralkritik der 1990er Jahre anklingt.

Denn der moralische Sinn des Menschen taugt, so Gehlen, allenfalls für den Hausgebrauch, den engsten Kreis der Familie. Kein Mensch hat die Kapazität, die Pflicht und die Nerven, sich um Leute zu sorgen, mit denen er nichts zu schaffen hat. Blut ist dicker als Wasser, und das Hemd näher als der Rock.

Und so beklagt er die »überdehnte« Moral, deren Ausbreitung er bekümmert beobachten muss. Er warnt vor der »zur ethischen Pflicht gemachten unterschiedslosen Menschenliebe«, die das »familiale Ethos in die großen rationalen Geschäfte« überträgt.

Meint er die demokratische Moral der Re-education, die darauf besteht, dass Menschenrechte nicht nur für arische »Volksgenossen« gelten, sondern auch für Juden, Sinti, Roma und Polen? Oder die Demonstrationen der Jugend, die ethische Normen nicht nur in Bonn einklagen, sondern auch in Persien oder Vietnam?

8. Arnold Gehlen

Jedenfalls fühlt er sich belästigt von dieser universellen Moral. Er nennt sie »Hypermoral« oder auch »Moralhypertrophie« – also die Vergrößerung des moralischen Organs infolge übertriebener Belastung.

Gehlens Moralskepsis betreibt Seelsorge für all jene, die wie er ihr Gewissen einmal einer »Institution« zur Aufbewahrung, Verwaltung und Rationierung übergeben haben. Denn die »abstrakte Ethik der Aufklärung« ist zu luftig, zu ungreifbar für das schwache, erdenschwere Individuum.

Das Problem mit dem weltumarmenden »Humanitarismus« ist, so Gehlen, ja nicht nur, dass er zum Scheitern verurteilt ist. Die »moralisierende Korrosion«, die er mit sich bringt, zersetzt auch die »Hierarchien«, ja, den »Begriff der Autorität selbst«. Sie zerstört »den Willen, Grenze und Identität zu behaupten – mit einem Wort: den Patriotismus«. Unter dieser Aufweichungsarbeit sei auch die »Institution« Staat vom männlich fordernden *drill instructor* zur mütterlichen Amme degeneriert: »So nimmt der Leviathan mehr und mehr die Züge einer Milchkuh an.«

Das Verhältnis der Moralkritik zur Macht ist seit jeher ein zwiespältiges. Tatsächlich schwingt in ihrem *rebel yell* schon von Haus aus ein autoritärer Oberton mit. Und wenn Hegel Recht hat und nur die Anerkennung durch den Knecht den Herrn zum Herrn macht, ist es gerade die ständige Rede von der »Verbotskultur«, die deren Wirksamkeit überhaupt erst herstellt.

Denn je heroischer die Moralkritik auf ihre Mündigkeit pocht, desto obsessiver hängt sie an den Lippen eines strafenden Vaters. Desto eifriger lauert sie auf dessen Befehle, desto kleiner macht sie sich vor dem ins Monströse aufgeblasenen Popanz, desto fatalistischer antizipiert und übt sie die Unterwerfung. Schon die Kritik an einer Bemerkung interpretiert sie als Maulkorb, und statt »man sollte vielleicht mal« versteht sie nur »man darf ja überhaupt nicht mehr«. Das Gendern der andern wird in dieser Dynamik zur »Sprachdiktatur« – und die Empfehlung der Kita, das Kind zum Karneval vielleicht doch lieber als Schornsteinfeger gehen zu lassen anstatt als »Indianer«, zum »Verbot«.

Dabei drückt gerade die Rede von der »Verbotskultur« im Grunde die heimliche Angst vor jener Eigenverantwortung aus, die sie beständig beschwört. Denn nur in den seltensten Fällen wartet sie auf ein tatsächliches Diktat, um sich daran abzuarbeiten. Dafür nimmt sie schon Vorbilder, Argumente und Appelle, unter Erwachsenen Verhandlungssache, denen man folgen, die man kritisieren und die man ignorieren kann, entgegen wie ein Dekret. Hinter jedem Vorschlag zur Güte wittert sie die hochgezogene Augenbraue des Vaters, auf die womöglich Stubenarrest folgt. Chronisch zieht sie unter imaginären Moralkeulen den Kopf ein – und beschwert sich dann über fehlende Augenhöhe.

Mit Gehlens Heimweh nach dem starken Staat nimmt diese Moralkritik jedoch eine unerwartete Wendung. Das Problem mit der Moral ist plötzlich nicht mehr, dass sie zu viele Vorschriften macht, sondern zu wenige. Wo die Moral regiert, geht alles drunter und drüber. Und so formuliert Gehlen schon den Verdacht vor, den Botho

Strauß 1993 in seinem berüchtigten »Anschwellenden Bocksgesang« gegen die »öffentliche Moral« vortragen wird: Die sei die »Verhöhnung des Eros, die Verhöhnung des Soldaten, die Verhöhnung von Kirche, Tradition und Autorität«.

In einem derart moralisch grundierten »Zeitalter der Verharmlosung«, in dem »Männer ihren Wert« einbüßten, mahnt Gehlen, müsse der *Homo sapiens* sich selber zum Haustier werden. Der Mensch aber sei nun einmal kein zahmes Geschöpf. Es gebe keine Anstrengung, keine bewältigte Schwierigkeit, kein gründliches Denken ohne »die endogene, instinktartige Aggressionsneigung des Menschen«.

Als Kronzeugen für diese These verweist Gehlen auf den Biologen und Verhaltensforscher Konrad Lorenz. Der hat 1963 in seinem Buch »Das sogenannte Böse« den »Aggressionstrieb« zum »primären Instinkt« des Menschen erklärt. Schon der Steinzeitmensch habe, behauptet Lorenz darin, in dauerndem Hauen und Stechen gelebt: »Der Auslese treibende Faktor war der Krieg.« Auch Bindungen zwischen den Menschen entstünden nicht aus Zuneigung, sondern nur als Zusammenschluss gegen Dritte.

Wie Gehlen verdankt auch Lorenz seine Karriere im Dritten Reich der Treue zum Regime. In seinem Aufnahmeantrag für die NSDAP, kurz nach dem »Anschluss« Österreichs 1938, brüstet er sich, »selbstverständlich immer Nationalsozialist« gewesen zu sein. Früh hat er gegen die »Lügen der jüdisch-internationalen Presse« agitiert. Jetzt plädieren seine Thesen für das Recht des Stärkeren, das diesem Regime so teuer ist. Und 1940 setzt er sich in der »Zeitschrift für angewandte Psychologie und Charakterkunde« unter dem Titel »Durch Domestikation verursachte Störungen arteigenen Verhaltens« für »Rassenpflege« und »eine noch schärfere Ausmerzung ethisch Minderwertiger« ein, »als sie es heute schon ist«.

Schon damals sind Gehlen und der Meister der Graugänse gemeinsame Wege gegangen. Nicht zuletzt der Fürsprache des Soziologen hat Lorenz es zu verdanken, dass er 1940 Professor an der Universität Königsberg wird. Als Mitarbeiter des »Rassenpolitischen Amtes der NSDAP« hilft er nun bei erbbiologischen Selektionsuntersuchungen im besetzten Polen. Wie Gehlen preist er die Vorzüge der Aggression und protestiert gegen die »Verhausschweinung des Menschen« – eine Obsession, die ihn auch nach dem Krieg nicht verlassen wird: Noch 1973 beharrt er darauf, »dass die zunehmende Domestikation des Menschen seine Menschlichkeit bedroht«.

Denn der Hang zur Gewalt, der »auf den Artgenossen gerichtete Kampftrieb von Tier und Mensch«, gehorcht für Lorenz einem Mechanismus, den er »Psycho-Hydraulik« nennt. Eine Metapher, die noch ganz im frühen Maschinenzeitalter steckt: Aggressive Energie sammele sich an, staue sich und breche sich schließlich Bahn. Diesen Trieb mit Moral oder mit Verboten einzudämmen, sei ein hoffnungsloses Unterfangen: »Beides wäre eine ebenso gute Strategie, als wollte man dem Ansteigen des Dampfdruckes in einem dauernd geheizten

Kessel dadurch begegnen, daß man am Sicherheitsventil die Verschlußfeder fester schraubt.«

Die Idee, das Böse und Aggressive seien dem Menschen von Geburt an eingebaut, eine Konstante des Lebens also, die nur Naive und Moralisten ignorieren könnten, findet sich schon beim späten Sigmund Freud, auf den sich Lorenz wie auch Gehlen ausdrücklich berufen. Angesichts des Ersten Weltkriegs erfand er das Konzept eines »Todestriebs«, ererbt vom »Urmenschen« und bis heute ungezähmt. Trotz aller Kultur bleibe Gewalt letztlich »naturgemäß, biologisch wohl begründet, praktisch kaum vermeidbar«. Und wer die »sittlichen Anforderungen möglichst hoch« spanne, erzeuge nur neurotische Störungen, die der berühmte *dünne Firnis der Zivilisation* mehr schlecht als recht verdecke.

Schon zu Freuds Lebzeiten bezweifeln allerdings viele Analytiker die Existenz eines solchen »Todestriebs«. Über die Jahre stellen zudem die Neurobiologen fest, dass sich auch für einen »Aggressionstrieb« keinerlei Evidenz finden lässt. Und sogar Lorenz' eigene Schüler machen sich daran, mit Hilfe eigener Forschungen dessen Instinkttheorie zu widerlegen.

Anthropologen wissen heute auch, dass der »Urmensch« keineswegs der skrupellose Jäger und Killer war, den Freud in ihm sah: Offenbar handelt es sich bei unserem Vorfahren um ein eher friedliches, egalitäres und vorwiegend vegetarisch lebendes Wesen, das in der Kooperation seine einzige und bis heute erfolgreiche Überlebenschance sah.

In »Moral und Hypermoral« aber beschwört Gehlen

noch einmal mit Pauken und Trompeten »die endogene, instinktartige Aggressionsneigung des Menschen« – und die rettende Kraft der Institution, die diese Gewalt in die erwünschten Kanäle lenkt. Dabei gehen auch ihm selbst immer wieder die schnaubenden Pferde durch, wenn er gegen die »Quasi-Aristokratie« der »sog. Intelligenz« wettert und gegen die Frauen, die »instinktiv« die sachlichsten Debatten mit ihrem »Frauendenken« verunreinigten, das nur »die Sorge für Nestwärme« kennt. Und wenn er gegen die Kirchen wütet mit ihrer »Antiherren- und Liebesmoral«.

Vor allem der Protestantismus ist ein bevorzugtes Ziel Gehlen'schen Zorns. Luthers Reformation ist ja die Emanzipation eines Gewissens, das keine Kirche mehr braucht, um zwischen gut und böse zu unterscheiden. Doch wenn keine mächtige »Institution« mehr bereitsteht, um dieses Gewissen in Hierarchien, Papstworte und Beichtstühle einzuhegen, tritt es womöglich über die Ufer – und mit ihm unweigerlich die Moral.

Dabei bedient sich Gehlen nicht der klassischen antimoralistischen Argumente, die dem Luthertum seinen vermeintlichen Tugendwahn ankreiden. Er macht sich nicht die jesuitische Propaganda der Gegenreformation des 16. Jahrhunderts zu eigen, der es gelang, den Protestantismus angesichts von katholischem Prunk und Pomp als Synonym für »Lustfeindlichkeit« zu framen – obwohl es gerade sie selbst waren, die Soldaten des Ignatius von Loyola, die bis zum Masochismus auf Kasteiungen, Exerzitien und rigorose Unterwerfung des eigenen Körpers bestanden und Luther, den schmer-

8. Arnold Gehlen

bäuchigen Schlemmer, Zecher und Verfechter regelmäßigen Geschlechtsverkehrs gern als »brünstige Sau« verdammten.

Für den Pflicht-Verteidiger Gehlen besteht die Sünde der evangelischen Kirche eben gerade nicht in ihrer Rigorosität, sondern in deren Gegenteil. Sie besteht in ihrer Staatsskepsis, ihrem antiautoritären Trotz, ihren »paramarxistischen Enzykliken« und ihrem »Ethos des Humanitarismus«, das »das des Patriotismus verschlingen« wolle.

»Moral und Hypermoral« ist ein seltsam emotionales Pamphlet, grimmig und resigniert zugleich. Es ist der bitter-stoische Seufzer eines Mannes auf verlorenem Posten. Sogar Helmut Schelsky, Gehlens Freund, Kollege und einstiger Schüler (berühmt wurde etwa sein Werk über »Die skeptische Generation«), ist nach dem Erscheinen des Buchs fassungslos. »Woher«, fragt er Gehlen in einem Brief, »kommt Deine Aggression?«

Vielleicht hilft auch hier der Rückgriff auf die Verhaltensbiologie weiter, die ja der Anthropologe Gehlen selbst so nonchalant auf den Menschen überträgt: der Blick auf das eingekesselte Tier, das mit gefletschten Zähnen sein Territorium verteidigt. Denn die »Hypermoral« der 1960er Jahre formiert sich für den Antiklerikalen Gehlen ja jetzt zum veritablen Jüngsten Gericht – oder wenigstens zum Gericht der Jungen. Es sind ja die Zwanzig-, Dreißigjährigen, die seine Generation auf die Anklagebank zerren – Menschen, die viel zu spät geboren sind, um von den so schmerzhaften wie stärkenden Befehlen, Pflichten und Zwängen, denen die Angeklagten in der »Institution« NS-Staat ausgesetzt waren, noch eine Ahnung zu haben.

Dabei erinnert das »Hyper«, mit dem Gehlen diese Moral anprangert, zugleich an den »Hyperraum«, der in der Science Fiction einen Raum mit zusätzlichen Dimensionen bezeichnet; eine Parallelwelt, in der die irdischen Naturgesetze aufgehoben sind. Eine ungreifbare, aber intelligente Lebensform wie der Ozean des Planeten Solaris in Stanisław Lems gleichnamigem Roman: Der ist in der Lage, Gedanken zu scannen und daraus Abbilder, sogenannte »Gäste« zu formen, die das Schuldbewusstsein der Menschen verkörpern – etwa die Frau des Solaris-Reisenden Kris Kelvin, für deren Suizid der Astronaut sich heimlich verantwortlich fühlt und die ihm nun im Hyperraum unversehens wieder erscheint.

So ist auch die »Hypermoral« womöglich ein solcher richtender Raum; ein Reich des Übernatürlichen, ein Geisterreich, bewohnt von den Toten des Holocausts und des nationalsozialistischen Eroberungswahns. Ein immaterieller Raum, in dem die Seelen von sechs Millionen ermordeten Juden schweben und von geschätzt über 70 Millionen Opfern des Zweiten Weltkriegs. Und vielleicht ist die Kraft, die Klarsfelds Ohrfeige an die Gehlen'sche Wange weiterleitet, nichts weiter als eine Ausbuchtung dieses morphogenetischen Felds, das sich aus den Gedanken der Menschen speist, die Gehlens Generation auf dem Gewissen hat.

So ist »Moral und Hypermoral«, auch wenn das Wort »ich« nirgends fällt, vor allem eine Verteidigung der eigenen Biographie. Eine Selbst-Absolution, die sich die rettende Buße stoisch versagt – denn »wer seine Pflicht tut, hat ein Motiv, das von jedem anderen her unbestreitbar ist«.

Und es ist eine Anklage gegen die Ankläger. Gegen die, die mit dem Zeigestock der Moral Vergangenes und als verschüttet Gehofftes aufstöbern und -stochern. Die sich zu »Handlangern« der »Sieger der Geschichte« machen, wie Gehlen es ausdrückt, und »jeden verbellen, der unerwünschte Dinge sagt«.

So ist das Buch auch ein Vorgriff auf heutige Klagen über die geheimnisvolle *cancel culture* – wenn er sich etwa beschwert, dass man heutzutage nicht einmal mehr die deutsche Schuld an den Weltkriegen in Frage stellen dürfe.

Und vielleicht ist gerade das hysterische Präfix »hyper« dafür verantwortlich, dass sich noch ganze Kohorten von Moralkritikern an Gehlens Begriffsschöpfung bedienen werden – vom rechtsliberalen Chefredakteur bis zum linksnationalen Theatermann, vom betrügerischen Kunstberater bis zum »Cicero«-Kolumnisten. Und für die FAZ gehört der Begriff mittlerweile ohnehin fest ins »Wörterbuch der Neuesten Rechten«.

Der Party-Kracher »Hyper Hyper« der Band Scooter aus dem Jahr 1994 endet übrigens mit folgenden Zeilen:

»Be good / Bye-bye.«

9. Al Capone und Donald trump

»Niemand nimmt die Dinge persönlicher als ich«

Sein Foto könnte einen Steckbrief zieren, aufgehängt am Büro des Sheriffs, im Saloon oder am Hardware Store auf der Main Street: »WANTED«. Aber es illustriert den Titel des »Time Magazine« vom März 1930. Im Knopfloch trägt der Mann eine Rose und im Gesicht ein gleißendes Lächeln.

Ein Jahrzehnt lang ist Alphonse »Al« Capone ein Held seiner Zeit. Wie ein Filmstar arbeitet er an seinem Image, tänzelt durch die Gesellschaft wie auf einer Bühne. Unermüdlich gibt er Interviews und Pressekonferenzen, preisen Journalisten und Literaten seine »schöne Kunst des Mordens« und die »exquisite Planung und Ausführung« seiner Verbrechen – in der gleichen Tonart wie seine vielen Hundert Maßanzüge in Erbsengrün bis Zitronengelb, seine 30 000-Dollar-Limousine, seinen blauweißen Elfkaräter am Mittelfinger. Hochglanzfotos zeigen ihn in seinem Palast oder angelnd auf dem Deck seiner Jacht. Auf dem Gipfel seiner Macht, zwischen 1927 und 1931, erscheinen sieben Bücher über sein Wirken. Und noch zu Lebzeiten macht ihn Hollywood in Filmen wie »Scarface« unsterblich.

Woher kommt die Anbetung eines Mannes, der zwischen zwanzig und sechzig Menschen eigenhändig umgebracht und mindestens vierhundert weitere zur Auslöschung bestimmt hat – und dabei, wie ihm Gefängnisgutachter bescheinigen, die geistige Reife eines Dreizehnjährigen besitzt? Der sein betrunkenes Mütchen an Schaffnern und Taxifahrern kühlt und eine Beleidigung mit sechs Kopfschüssen bestraft – und zugleich beim Arzt vor jeder Blutabnahme Angst hat?

Über Jahre drehen sich die Bürger von Chicago auf der Straße nach seiner Limousine um, vergessen die Show, sobald er den Theatersaal oder ein Stadion betritt, applaudieren mit langen Jubelstürmen, wenn er beim Boxkampf oder auf der Rennbahn erscheint und gönnerhaft Wetttipps verteilt. Touristenbusse pilgern zu seinen Residenzen, und ein Rabbiner vergleicht seine Weisheit mit der König Davids. Jeder reißt sich um seinen Handschlag, um Einladungen zu seinen Partys; zehntausendköpfige Pfadfinderchöre rufen ihm entgegen: »Good old Al! Good old Al!«

Vielleicht ist dieser Kult ein kollektives Bedürfnis. Eine Sehnsucht nach Ausbruch aus dem immer strenger eingehegten Terrain, als das viele Amerikaner ihr Land seit dem Ersten Weltkrieg erleben – geprägt von Urbanisierung, Modernisierung und Zivilisierung, die immer weniger Raum für ungezügelten Egoismus zu lassen scheinen und das Leben mit Verantwortungen umstellen. Ein geordneter Rückzug in ein altes, verwunschenes Sagenreich; in eine Zeit, in der das Wünschen vielleicht nicht geholfen hat, aber ohne Rücksicht auf Mitmenschen und andere Verluste gestattet war.

Womöglich ist dieses gelobte, versunkene Land der Wilde Westen.

Denn es gibt ja keinen Mythos, der amerikanischer wäre. 1921 hat ihn der amerikanische Historiker Frederick Jackson Turner erstmals in seinem Buch »*The Significance of the Frontier in American History*« in emphatisch zustimmende Worte gefasst: An dieser *frontier*, der Schnittstelle zwischen Zivilisation und Wildnis, habe sich die amerikanische Identität geformt. Die Pioniere hätten versucht, die Wildnis zu zähmen – und seien dabei selbst von der Wildnis berührt worden. Je weiter sie nach Westen vordrangen, umso gründlicher hätten sie die europäischen Werte hinter sich gelassen. So hätten sie schließlich ihren Glauben an die eigene Stärke entwickelt, ihr Misstrauen gegen staatliche Kontrolle und einen Individualismus, der sich, wenn es sein muss, auch das Recht zur Gewalt herausnimmt.

Und vielleicht ruft jetzt die Skrupellosigkeit des Gangsters Al Capone in den Amerikanern sehnsüchtige Erinnerungen wach – an Männer wie den von Bob Dylan besungenen Texaner John Wesley Hardin oder den Viehdieb und späteren Kinomythos Henry McCarty, besser bekannt als »Billy the Kid«. Oder den Marshall Wyatt Earp, der sich zeitlebens nicht entscheiden kann, ob er das Gesetz lieber beschützen oder brechen will.

Oder den Banditen Jesse James, dessen Überfälle auf Postkutschen manchmal Hunderte von Zuschauern begeistert verfolgten, dessen Taten Zeitungsreporter »poetisch« nannten und dessen Bande sie mit den Rittern der Tafelrunde verglichen – an all die großen, schlimmen Heroen der heroischsten aller amerikanischen Zeiten. Und an diese zutiefst antimoralische Gründungs-erzählung der USA: die Eroberung des Westens und den über hundert Jahre dauernden Verdrängungskrieg gegen die Ureinwohner Amerikas.

Dieser Krieg ist ja noch nicht lange vorbei. Erst 1890, wenige Jahrzehnte zuvor, hat die US-Kavallerie ihn mit dem Massaker am Wounded Knee Creek an sein vorläufiges Ende gebracht. Und noch immer steht er für die sagenhafte Jugend des Landes, als Eigentumsrechte mehr zählten als Menschenrechte, ein Mann nur sich selbst gehörte und die Zivilisation den Pionier nur noch von hinten sah, mit dem Planwagen gen Westen unterwegs.

Trotz aller disruptiven Energie bleibt auch Al Capone, bewusst oder unbewusst, diesen Traditionen treu. Wie die Männer des Westens glaubt er an den täglichen Krieg, der niemals zur Ruhe kommt. Und auch er steht für *frontier values* wie Autonomie, Autarkie und die grimmige Entschlossenheit zur Verteidigung von Ehre und Heim, die auch vor Selbstjustiz nicht zurückschreckt.

Denn trotz ihrer perlgrauen Filzhüte mit schwarzem Hutband, trotz Nadelstreifen-Zweireihern mit Weste und weißem Einstecktuch, trotz Halbgamaschen und gestreiften Krawatten mit Diamantnadeln, trotz der Jazz-Stars wie Louis Armstrong, Duke Ellington, Lionel Hampton und Nat King Cole, die in Capones »Cotton Club« auftreten, folgen er und seine Männer den alten Regeln der Goldgräberstädte. Sie benehmen sich, als lebten sie in einer der legendären Pionier-Siedlungen wie Deadwood im späteren South Dakota, wo es keinen Bürgermeister gab, keinen Sheriff, kein Gericht und kein Gefängnis. Wo jeder Mann »etwa sechs Kilogramm Feuerwaffen am Gürtel« trug, wie ein zeitgenössischer Pressebericht vermeldet: »Fünf oder sechs Männer am Tag werden umgelegt.«

Es ist kein Zufall, dass der Mythos des Gangsters gerade zu einem Zeitpunkt aufblüht, als die Konsumgesellschaft ihre ersten Triumphe feiert; als Zeitschriften und Werbung die Idee, man könne gelungenes Leben kaufen, verstärkt in die Köpfe hämmern: Die Werbebudgets der US-Firmen wachsen binnen 15 Jahren von 682 Millionen auf fast drei Milliarden, und Zeitschriften drucken sechsmal so viele Anzeigen wie zehn Jahre zuvor. Eine gnadenlose Überforderung, die Amerika schlaflos macht.

Sehnsüchte nehmen immer erkennbarer die Form von Autos an, von Häusern, Diamanten und Anzügen – und Hollywood produziert die Bilder dazu: Von 1922 bis 1930 steigt die Zahl der verkauften Kinokarten von 40 Millionen auf 100 Millionen pro Woche. Und auf der Leinwand werden Männer wie Capone zum Inbegriff von Maskulinität, von Souveränität, von Überlegenheit über das Gesetz.

Wie niemand sonst verkörpern sie die Aufstiegsphantasien des *American dream*, die Brutalität und Rücksichtslosigkeit, die nötig ist, sie wahr werden zu lassen. Und die Sehnsucht nach einer Zeit, als es noch üblich war, diesen Traum in die eigene Hand zu nehmen – in der idealerweise eine Waffe lag. Nach jenem glorreichen Egoismus, der das Sorgen für andere auf die eigene Familie, die eigene Bande und vielleicht noch das eigene Pferd beschränkte.

Und plötzlich verkörpern sie auch den Stoff, der einen solchen Tunnelblick zuverlässig beschert: den Alkohol. Denn der ist mit einem Schlag knapp geworden im Land der Freien – und so selbst zum Inbegriff der Freiheit geworden. Seit dem 16. Januar 1920 ist, nach langjähriger Lobbyarbeit eines Temperenzlers mit mächtigen Verbündeten, ein Verfassungszusatz in Kraft, der Herstellung, Verkauf und Besitz von Alkohol im ganzen Land verbietet. Doch von Anfang an ist das »noble Experiment«, wie es der spätere Präsident Herbert C. Hoover bezeichnet, zum Scheitern verurteilt: Sein Resultat ist nicht die Ächtung von Schnaps, sondern dessen Heiligsprechung.

Alkohol ist seit jeher der Königsweg zur Regression, zur Rückkehr in überwundene menschliche Entwicklungsphasen – das Lallen, das Kriechen, den schrankenlosen Egoismus, den Freud dem Säugling zuschreibt. Und vielleicht auch in jene kindliche Freiheit des Wilden Westens, die keine Verantwortung kennt: Wenn der Bürgerkrieg die »Geburt einer Nation« war, wie der Titel von David Wark Griffiths Monumentalfilm aus dem Jahr 1915 nahelegt, dann ist die Zeit der *frontier* deren Trotzphase.

Dann beschriebe, wenn wir uns das Leben als individuellen Zivilisationsprozess vorstellen (die erste Sitzung auf dem Töpfchen, die erste lange Hose, die ersten

Versuche, sich in andere einzufühlen, die erste Ausbildung abstrakter Werte), auch das Abstreifen zivilisatorischer Normen beim Trinken womöglich ein sanftes, aber unerbittliches Rückwärts: Zurück zur seligen Selbstbezogenheit der ersten Jahre, zum kindlich-grausamen Spiel mit Fröschen, Regenwürmern und der restlichen Welt. Und zurück zu jener »heteronomen Moral«, die nach der Lehre des Entwicklungspsychologen Jean Piaget für das Kind bis etwa zum siebten Lebensjahr gültig ist: Moral ist das, was die Stärkeren (etwa die Eltern) bestimmen – und moralisch in Ordnung das, womit man durchkommt.

Jetzt trinkt sich die Nation mit Al Capones Hilfe in ihre Kindheit zurück. Zurück in die alte Zügellosigkeit, wie sie einmal im Westen regiert haben mag, bevor die Zivilisation kam, um sie in Fortschritt zu verwandeln. Zurück in die »Badlands« am Rand der Goldgräbersiedlungen mit ihren Saloons, Kaschemmen und Spielhöllen, den Bordellen und Opiumhöhlen, den Bierhallen mit Spiegeln hinter der Theke, den *hurdy-gurdy houses*, in denen junge Frauen für Geld nicht nur tanzten, in die *variety theaters*, wo ein Mann sich eine Lady seiner Wahl in eine private Loge bestellen konnte und »Handsome Dick« Brown dazu die neuesten Lieder sang und sich selbst dazu auf dem Banjo begleitete. In die improvisierten Schenken, die aus nicht mehr bestanden als einem Brett auf zwei Fässern und ein paar dreckigen Gläsern, aber trotzdem zünftige Schlägereien garantierten, Roulette und Poker mit gezinkten Karten – und vor allem den Whiskey, den man mit Goldstaub bezahlte, vom Mann hinter dem Tresen direkt aus dem Beutel des Schürfers gefischt.

Für kurze Zeit, nachdem die Zivilisation auch den Westen eingeholt hatte, muss der Alkohol diese Symbolkraft verloren haben. Er war zum Trost der Armen geworden oder zum seltenen Genuss auf den Gartenpartys der *happy few*. Seit der Prohibition aber erobert er sich auch den Mittelstand zurück, der bislang zum Familienfest lieber Limonade trank.

Plötzlich, so bilanziert nach einem Jahr Alkoholverbot das Trend-Magazin »Vanity Fair«, sind Trinkgelage so »zahlreich« und »reichlich bewässert« wie »nie zuvor«. Wer seinem Besuch keinen Drink anbietet, wird seinen Ruf als schlechter Gastgeber nicht mehr los – und den guten Gast erkennt man, so das Blatt, an den »unförmigen Schwellungen« seines Mantels, »die von verborgenen Gefäßen zeugen«.

Ohne Flachmann am Gürtel oder am Strumpfband geht weder Herr noch Dame mehr aus dem Haus. Jede Zufallsbegegnung auf der Straße lässt sich als Vorwand für einen Zug durch die geheimen Flüsterkneipen nutzen, die *speakeasys*, die sich als Blumengeschäfte oder Eisdielen tarnen, als Drogerien oder Lebensmittelläden, als Apotheken oder Tankstellen. Allein in Chicago soll es 20 000 von ihnen geben; gut verborgene Höhlen, die ihre Gäste erst nach Prüfung durch Spion oder Einwegspiegel einlassen. Es sind meist kahle, fensterlose Hinterzimmer, der einzige Schmuck die Flaschenbatterie an der Wand – und die Frauen, die nun erstmals auch in die Schankstätten drängen: die *flappers* mit ihren

Bubiköpfen, bloßen Schultern, kurzen Röcken und Sitten, die so frei flattern wie die Riemchen ihrer Stöckelschuhe.

Und auch wenn die Drinks erbärmlich sind, der Service armselig und die Preise ungeheuerlich: Trinken ist Pflicht. Der Eintritt ins *speakeasy*, der nur Insidern offensteht, wird zum religiösen Initiationsritus, und wer Zugang zum Sprit hat, erhöht sein soziales Prestige – und »bekommt die schönsten Mädchen«, wie es in einem zeitgenössischen Schlager heißt.

Einem Volk, dem die Zivilisation im Nacken sitzt, wird das Trinken zur kollektiven Grenzüberschreitung. Statt Bier bevorzugt man jetzt harte Spirituosen, die in den beengten *speakeasys* weniger Lagerraum einnehmen – und auf wirksamere Art betrunken machen: Nicht der Genuss zählt ja, sondern der Vollrausch in möglichst kurzer Zeit. In ihm gipfelt das gefährliche, das »schnelle Leben«, das die neue alte Mode verlangt – »die besinnungslose Selbstaufgabe des Körpers«, wie der Historiker Thomas Welskopp in seiner Geschichte der Prohibition formuliert, »sei es im Krieg, sei es im Rausch jenseits der Selbstkontrolle«.

So schlucken die Amerikaner, was sie kriegen können. Sie trinken gestreckte, gepanschte, aus Industriealkohol notdürftig trinkbar gemachte Destillate. Sie trinken Bier, das Äther oder wilde Hefekulturen enthält – zum Fünf- bis Siebenfachen des Vorkriegspreises, doch mit dem Vielfachen an Kopfschmerzpotenzial. Sie trinken mit verkohlten Holzscheiten und giftigem Fuselöl aromatisierten Sprit, der sich Whiskey nennt, und mit Luft vollgepumpten und mit Rohalkohol versetzten Traubensaft als Champagner. Sie trinken *Jamaica Ginger* – gestoßenen Ingwer in 90-prozentigem Arzneialkohol, der Blasen auf den Lippen und Gewalträusche erzeugt. Sie trinken sich die Furcht vor dem giftigen Methanol aus dem Kopf, das beim hastigen Brennen entsteht – oder immunisieren sich gegen den fatalen Holzgeist durch umso härteres Trinken.

Mit einem Schlag sind nicht mehr nur ein paar Schurken kriminell, sondern Millionen Amerikaner. Angestellte verwandeln sich in Schmuggler und Schwarzbrenner, Krämer tuscheln über illegale Lieferanten, Destilliergeräte und ideale Hefemengen. Der Hobbykeller wird zur Hexenküche, das *American home* zur Schnapsfabrik; ganze Stadtviertel brennen in Heimarbeit Rohalkohol aus Zuckermais. Hobby-Brauer hamstern Do-it-yourself-Zutaten wie Bierwürze, Bierpulver oder »Malzsirup mit Hopfenaroma«, und Winzereien bieten Traubenkonzentrate wie Weingel oder »Weinziegel« an – mit der scheinheiligen Mahnung, sie keinesfalls Gärprozessen auszusetzen.

Brauereibesitzer, offiziell zur Produktion von nullprozentigem »*near beer*« verdammt, zweigen das Vollbier vor dem Alkoholentzug auf den illegalen Markt ab oder setzen die Prozente anschließend wieder zu. 15 000 Ärzte und 57 000 Drogisten beantragen umgehend Alkohollizenzen »für Heilzwecke«. Und gleich im ersten Jahr der Prohibition wächst der Verbrauch an Messwein um 800 000 Gallonen.

Wenn alle kriminell sind, gibt es kein Verbrechen

mehr. Und ebenso schnell wird der Gesetzesbruch zum professionell betriebenen Business. Kaum ist das Verbot in Kraft, plündern Chicagoer Gangster einen Whiskeytransporter, rauben andere ein Schnapslager leer, stehlen Dritte medizinisches Äthanol im Wert von 100 000 Dollar aus Güterwagons. Banden schleusen den Stoff aus dem Ausland ein, schaffen ihn in Kuttern und U-Booten übers Meer, schmuggeln 80 Prozent der kanadischen Produktion über die Grenze.

Und nur eine gottgleiche Macht kann das illegale Treiben vor dem Zugriff des Gesetzes und der Konkurrenz zugleich schützen: das organisierte Verbrechen. Nur Syndikate können die 350 000 Dollar aufbringen, die etwa das Wohlwollen des Justizministers Harry Daugherty kostet, oder das Schmiergeld für 400 Polizisten, die ihre Schnaps-Konvois bewachen.

Gleichzeitig steht ein Volk von Komplizen solidarisch auf der Seite der Durstlöscher – die mit ihrer Bedarfsdeckung astronomische Gewinnmargen erzielen. Trotz Illegalität wächst die Alkoholindustrie allmählich zum drittgrößten Wirtschaftszweig der USA heran. Und ausgerechnet der Gangster, der Inbegriff des autoritären Charakters, wird zum Idol derer, die glauben, ihre Freiheit zu verteidigen.

Auch Al Capone, Sohn italienischer Einwanderer, ist ein Kind der Demütigung. Denn während es für Immigranten aus Deutschland oder Irland vergleichsweise leicht ist, in der neuen Gesellschaft Fuß zu fassen, gelten die Leute aus Italien als mindere Rasse. Seit ihrer Ankunft gegen Ende des 19. Jahrhunderts werden sie regelmäßig Opfer von Lynchmorden und rassistischen Verfolgungen. Vorurteile und eine Analphabetenrate von fast 60 Prozent zwingen sie in Jobs, die selbst freigelassene Sklaven verschmähen: Müllverwerter, Lumpensammler, Erdarbeiter – oder Barbier wie Capones Vater. Eine Kette von Kränkungen, die auch resilientere Naturen als Al Capone zur Rache drängen würden.

Dabei ist es fast ein Wunder, dass, gemessen am Bevölkerungsanteil, nur vergleichsweise wenige Söhne und Töchter Italiens straffällig werden. Dennoch gelten die Menschen von der Appeninenhalbinsel den *White Anglo-Saxon Protestants* als geborene Kriminelle, schlimmer noch: als »Mafiosi«. Denn wo immer ein Italiener an einem Verbrechen beteiligt ist, vermutet die öffentliche Meinung die »Mafia« am Werk.

Zwar sind auch in den italienischen Vierteln brutale Banden aktiv, die – vornehmlich durch Erpressung – ihre eigenen Landsleute terrorisieren. Von einer mächtigen zentralen Geheimorganisation kann aber noch keine Rede sein. Immerhin steigert der blutige Nimbus, den die Mafia in deren Mutterland genießt, die Überzeugungskraft der Verbrecher aus dem Mezzogiorno ins Unwiderstehliche.

Denn die Karriere des Gangsters ist nicht nur Weg aus dem Elend – sie ist ein Weg zu einem gesellschaftlichen Status, der den eines Arztes oder Rechtsanwalts in den Schatten stellt. Sie ist zwar asozial, doch zugleich ein Mittel zu sozialer Integration – in die Gesellschaft der Reichen. Sie ist nicht nur Notwehr; sie ist eine Verlockung; das Versprechen eines ungehemmten Hedonismus – der doch nur die Kehrseite des amerikanischen Puritanismus darstellt: Vergnügen um jeden Preis.

So ist es kein allzu großes Unglück, dass der reizbare Alphonse Capone, geboren im letzten Jahr des alten Jahrhunderts, mit vierzehn von der Schule fliegt, weil er eine Lehrerin geschlagen hat. Er beginnt eine Bandenkarriere, die ihm Jobs als Rausschmeißer und Barkeeper einbringt, die drei Messerschmisse an der linken Wange, denen er den Spitznamen »Narbengesicht« verdanken wird, und mit neunzehn seinen ersten Mord. Als er 1920 einen irischen Kollegen erschlägt, dessen Boss ihm Rache schwört, flieht er nach Chicago, um dort im Imperium des Unterweltkönigs John Torrio zu dienen.

Für 15 Dollar die Woche hält er Torrios Huren an der Kandare, arbeitet als Schlepper für Torrios Nachtklubs. Doch bald steigt er zum gleichwertigen Partner auf, der hinter der Fassade eines unauffälligen Trödelladens in der Wabash Avenue Torrios Reich verwaltet. Im Januar 1925, als Torrio bei einem Revierkrieg schwer in Brust, Bauch und Armen getroffen wird, kündigt er an, sich aufs Altenteil ins heimatliche Brooklyn zurückzuziehen – und ernennt Capone zum Erben des Syndikats.

»Al«, sagt er, »es gehört alles dir.«

So ist Capone mit 26 Jahren nicht nur Herr über ein Imperium, das mit Alkohol, Glücksspiel, Prostitution und Erpressung 105 Millionen Dollar im Jahr erwirtschaftet – er regiert eine Stadt. Er befehligt Brauereien und Brennereien; Bordelle, Speakeasys und Nachtklubs; Spielsalons, Rennbahnen und Wettbüros; Lagerhäuser,

Boots- und Lastwagenflotten; Gewerkschaften, Geschäfts- und Industrieverbände sowie eine Armee von 700 bis 1000 Schlägern, Killern und Bombenwerfern.

Von einer Zeitung, die ihn kritisiert, erwirbt er kurz entschlossen die Aktienmehrheit. Sein Arm reicht in die Parteispitzen und ins Bürgermeisteramt, in jede Behörde und jede Polizeistation: Willig erscheinen die Beamten bei seinen Zahlmeistern, um den Lohn für ihre Fracht-Eskorten, ihre Preisgabe von Razzien oder die Ausstellung von Passierscheinen zu empfangen. Dreißig Millionen Dollar, so rühmt sich Capone, lässt er sich die Bestechung der Gesetzeshüter jedes Jahr kosten: »Die Polizei«, prahlt er, »gehört mir.«

Mit dieser Macht wird die Überschreitung zur Institution. Allmählich ersetzt immer öfter die frisierte Bilanz das Drive-by-Shooting, weicht auch Capones neureiche Protzerei der gediegenen Finesse des Geschäftsmanns. Den Spitznamen »Narbengesicht«, den ihm seine Schmisse eingebracht haben, legt er ab und wählt einen anderen: »Snorky«, was so viel wie »elegant« bedeutet.

Doch es ist noch immer die Verteidigung des Eigentums, die klassische *raison d'être* der wildwestlichen Freiheit, die auch Capones Agenda diktiert – und so ist es nur logische Konsequenz, dass es zu guter Letzt die Steuerfahnder sind, die dem Killer das Genick brechen. Auch wenn die Gesamthöhe seiner Gewinne zweifellos ein Vielfaches höher liegt, kann der Staatsanwalt für die Jahre 1924 bis 1929 Einnahmen von 1 038 660,84 Dollar belegen – für die er dem Staat 215 080 Dollar Steuern schuldet. Am 17. Oktober 1931 spricht die Jury ihn schuldig. Eine Woche später verurteilt ihn der Richter zu elf Jahren Gefängnis, einer Geldstrafe von 50 000 Dollar sowie 30 000 Dollar Gerichtskosten.

Und womöglich liegt hier auch ein Grund für die Sympathien, die dem Gangster Capone trotz seines kläglichen Endes (nach seiner Entlassung stirbt er umnachtet und paranoid auf seinem Anwesen in Florida) noch jahrzehntelang zufliegen. Denn es gibt kaum eine Form der Solidarität, der sich die Moralophobie so allergisch verweigert wie die fiskalische. Kaum jemand klagt so viel über Bevormundung wie der Sparfuchs, der mit *Tausend ganz legalen Steuertricks* der Allgemeinheit eins auswischen will. Und kaum ein Projekt evoziert so viele Stasi- und Blockwart-Vergleiche wie die digitalen Meldeplattformen, auf denen Bürger Steuerbetrüger anzeigen können.

Es hat ja auch Donald Trump nicht geschadet, sondern vielmehr die Bewunderung seiner Wähler eingebracht, dass er laut »New York Times« elf Jahre lang auf Bundesebene null Dollar und null Cent Einkommensteuer zahlte und in den Jahren 2016 und 2017 jeweils nur 750 Dollar – und so die Schulen, Krankenhäuser und Kindergärten des Landes um Millionen prellte.

Auch für diese Wähler ist Trump vielleicht nur ein Wiedergänger der großen Outlaws des Wilden Westens – all der gesetz- und moralbefreiten Volkshelden, deren Wege zum Ruhm mit Leichen gepflastert sind. Er ist der Rächer der Leute, denen ihre bewährten *frontier values* in einer zunehmend vernetzten Gesellschaft nichts mehr nützen. Der Beschützer ihrer Waffen, die nur noch für Amokläufe und »Familientragödien« taugen. Auch ihnen ist ja, wie einst den Siedlern, Scouts und Trappern des Grenzlands, von Osten her die Zivilisation auf den Fersen – und auch ihnen bleibt nur die Flucht nach vorn, wo irgendwann kein Spielraum mehr bleibt: Dort wartet dann nur noch der kalte, nasse Ozean.

So ist es kein Wunder, dass Trump sich als »langjähriger Fan« John Waynes bekennt, des Zelluloid gewordenen Denkmals dieser Zeit. Und dass er den Leinwand-Haudegen auch verteidigt, als die Demokraten 2020 dem »John Wayne Airport« bei Los Angeles wegen rassistischer Statements des Namenspatrons einen neutraleren Namen geben wollen.

Auch für Trump ist die Unmoral gerade kein Handicap, sondern attraktiver Markenkern. Die Abertausenden Lügen, die ihm nachgewiesen worden sind, die offenen Betrügereien, die Demütigung von Untergebenen, die kaum verhüllten Aufrufe zu Gewalt, die Beschimpfung von Schwarzen und Migranten, Armen und Menschen mit Behinderung machen ihn zur perfekten Identifikationsfigur für Verbitterte, die mit dem neumodischen Hang zum Guten auch noch eine Rechnung offen haben. Trumps nackte Existenz ist »eine große Erleichterung für viele Leute«, so vermutet der Autor David Shields in seinem Buch »*Nobody Hates Trump More Than Trump*«, »die sich durch nebensächliche moralische Bedenken behindert fühlen«.

Und so werden Trumps misogyne Prahlereien (»*Grab*

them by the pussy!«) nicht als Ausrutscher verstanden und auch nicht als peinliches Bekenntnis, sondern als *empowerment* jener *powerless people*, die auch das eine oder andere Problem mit Frauen haben.

Vielleicht ist es die Versteppung, die postindustrielle Rückverwandlung weiter Teile des Rust Belt und des Mittleren Westens in primordiale Prärie, die dort im 21. Jahrhundert auch die Werte dieser Prärie wieder aufleben lässt. Und so ist es nicht verwunderlich, dass ein Moral-Dissident, der Gewalt, Lüge, Ausgrenzung, Sexismus und Menschenverachtung nicht nur heimlich oder als Kavaliersdelikt betreibt, sondern geradezu zum *unique selling point* erhebt, auch jetzt noch Anhänger findet.

In seinem Buch »*Frankly, We Did Win This Election: The Inside Story of How Trump Lost*« beschreibt der »Wall Street Journal«-Reporter Michael C. Bender die Einsamkeit und Verlorenheit eines gewaltigen Teils der Amerikaner als Voraussetzung für Trumps vergangene Erfolge – und für die Hartnäckigkeit, mit der sie sich noch immer an die Fiktion seines Wahlsiegs klammern. Eine flächendeckende soziale Verödung – die jedoch plötzlich wieder einen Sinn ergibt, wenn man sich selbst als *last man standing* imaginiert, als *lone rider*, der mit seinem treuen Pferd in den sprichwörtlichen Sonnenuntergang trabt.

Der Psychiater und Soziologe Jonathan Metzl hat sechs Jahre lang den Süden und Mittleren Westen der USA bereist und Interviews mit Anhängern Trumps geführt. Er fand heraus, dass viele von ihnen bereit

sind, zivilisatorischen Fortschritt sogar dann zu sabo-
tieren, wenn diese Sabotage gegen ihr eigenes Wohl
geht – etwa Menschen in Tennessee, die gegen die Ge-
sundheitsreform gestimmt haben. Sie opfern sich wie
die glorreichsten vier der »Glorreichen Sieben« in John
Sturges' legendärem Western von 1960, die noch bis in
den Tod weiterkämpfen, obwohl sie längst keine Chance
mehr haben.

Denn auch für die Trump-Fans kann eine solche Ver-
weigerung moralischer Werte wie Gemeinsinn und Solidarität in den Heldentod führen. »Das hat jeden von
ihnen, statistisch, rund sechs Monate Lebenszeit gekostet«, sagt Metzl in einem Interview. Er zitiert einen seiner Gesprächspartner aus Tennessee, der die Gesund-
heitsreform ablehnte, weil er nicht wollte, dass »illegale
Mexikaner« oder schwarze »Sozialschmarotzer« davon
profitieren – und dann an Nierenversagen starb, weil er
sich selbst die Behandlung nicht leisten konnte. »Diese
Ideologie funktioniert wie ein Risikofaktor«, sagt Metzl.
»Als hätten ihre Anhänger dafür gestimmt, in einem
Haus mit Asbest zu wohnen.«

Dass Opfer und solche, die es zu sein glauben, sich
mit Tätern wie Capone oder Trump identifizieren, kann
freilich auch damit zu tun haben, dass diese Täter insge-
heim oft selbst Opfer sind. In Capone brennt zeitlebens
der Schmerz des ausgegrenzten Jugendlichen italienischer Herkunft. Und auch die Tatsache, dass Trump so
viele der Abgehängten anzieht, mag ihren Grund darin
haben, dass er selbst im Herzen ein Verlorener ist.

Schon sein öffentliches Auftreten gibt deutliche Hinweise: die chronischen Grimassen, die ständig abwehrend vor der Brust verschränkten Arme, die blutrote, genitale Krawatte, demonstrativ über den Gürtel gehängt. Die betonfeste Frisur, die zugleich jeder Windstoß verheeren kann. »Ich will nie wieder verlieren«, hat er einmal in einem Interview gesagt – und das klingt, als hätte er schon mindestens eine Niederlage zu viel eingesteckt.

Trump, vermutet der konservative »Economist«-Redakteur Adrian Woolridge, ist »*a winner with the soul of a loser*«. Und der Autor Tony Schwartz, der zusammen mit Trump das Buch »*The Art of the Deal*« geschrieben hat, verrät: »Hinter seinem schroffen Äußeren habe ich immer einen verletzten, unglaublich verwundbaren kleinen Jungen gespürt, der einfach nur geliebt werden wollte.«.

Wer hinschaut, dem zeigt Trump ungeniert seine Wunde. Den lässt er seine Dünnhäutigkeit spüren: »Niemand nimmt die Dinge persönlicher als ich«, sagt er. »Wenn jemand etwas Persönliches über mich sagt, hasse ich ihn für den Rest meines Lebens.« Dem zeigt er seine Wut, sein chronisch beleidigtes Gesicht, seinen Außenseiter-Trotz und die beständige Angst, übervorteilt zu werden. »Es gibt kein offensichtlicheres Anzeichen für Selbsthass«, kommentiert David Shields in seinem Trump-Buch, »als Narzissmus.«

Die Ursachen für diesen Selbsthass bleiben im Nebel der Spekulation. Die Psychologin Mary L. Trump, Nichte des Ex-Präsidenten, verweist in ihrem Buch »*Too Much and Never Enough*« auf die abwesende, empfin dungsarme Mutter, den tyrannischen, überfordernden Vater und den von diesem Vater misshandelten älteren Bruder, dessen Demütigung dem Jüngeren als abschreckendes Beispiel dient: Nichts ist tödlicher und zugleich abstoßender, muss Donald in dieser Zeit gelernt haben, als ein Verlierer zu sein.

So wurde Trump zum Gangsta-Rapper der Republikanischen Partei. Wie die Protagonisten des Genres zelebriert er das autosuggestive Selbstgespräch, das keine Sekunde aufhören darf, damit sich nicht der moralische Rest ungefragt wieder zu Wort meldet. Wie sie pflegt er die Asozialität des Ausgesperrten, den Mix aus rebellischer Attitüde und beinhartem Konservatismus, das in Siegerpose gepresste Wutbürgertum und eine Bling-Bling-Show, die vor allem Geringverdiener fasziniert. Wie sie kokettiert er mit Sozialdarwinismus, *sexual-assault*-Phantasien und Schwulenfeindlichkeit und hält so die vor wohligen Schocks bebenden *wannabe*-Outlaws bei der Stange.

Wie sie verkörpert er eine Zeit, als Pferdestärken das Statussymbol des Mannes waren und Waffen sein wahrer Schmuck. Als die Hackordnungen noch intakt waren, Opfer noch Opfer, Bosse noch Bosse, Kerle noch Kerle und der Tag mit einer Schusswunde nicht nur begann. Als Loyalität zur Gang noch mehr zählte als persönliche Skrupel. Als Frauen noch wussten, wann der Mund zu halten war, und die Chabos, wer der Babo ist.

Wie sie verkörpert er den Wilden Westen.

10. Schluss

»But I like living in the past«

Der Biologe Ernst Haeckel, ein leidenschaftlicher Anhänger Charles Darwins, hat im 19. Jahrhundert eine auf Anhieb umstrittene, aber lange Zeit wirkmächtige These aufgestellt: das Biogenetische Grundgesetz. In der Entwicklung jedes lebenden Individuums, ob Pflanze, Tier oder Feuilletonist, behauptet diese Theorie, wiederhole sich im Schnelldurchlauf die Entwicklung der ganzen Gattung. Diese private »Ontogenese« bildet also, folgt man Haeckel, die kollektive, Jahrtausende oder Jahrmillionen überspannende »Phylogenese« im Zeitraffer ab.

Als Indiz für Haeckels Theorie dienten Reste früherer evolutionärer Stufen, die noch im Embryo des modernen Menschen überleben: die vom Fisch übernommenen Kiemenspalten; der Flaum, der den Körper des Fötus überzieht; die sinnlos verlängerte Wirbelsäule des Ungeborenen, etwa so lang wie das Schwänzchen eines Schweineembryos. Bleiben diese Ähnlichkeiten noch im ausgewachsenen Individuum erhalten – zu Halsfisteln umgewandelte Kiemenbögen, übermäßige Körperbehaarung, ein Schwanzfortsatz am Steißbein – spricht man von einem Atavismus.

Auch die Geschichte der Moral kennt solche Atavismen. Wir haben die Reenactments der *southern rebels* kennengelernt, Götz von Berlichingens, Arnold Gehlens oder des Marquis de Sade. Wir haben die nostalgischen Passionsspiele der enteigneten Sklavenhalter besehen, der entwaffneten Ritter, der enttarnten Altnazis und der entthronten Aristokraten.

Doch nicht immer sind es überwundene Stadien der Menschheitsgeschichte, die in solchen fossilen Haltungen zu überleben versuchen. Nicht jeder Vorbehalt gegen die Zivilisation ist ein Remake der Zeiten, als ein Mann noch ein Krieger war, der Staat noch ein Staat oder der Adel noch allmächtig. Manchmal ist auch er, um einmal Haeckels Theorie zu missbrauchen, weniger phylogenetisch grundiert als ontogenetisch: ein Echo der eigenen Jugend, ein Abglanz besserer Zeiten, eines Gestern, in dem die Dinge noch vertraut schienen – Relikt und Reliquie der eigenen Vergangenheit.

Dann sind es nicht die Statuseinbußen, die den Moralskeptiker antreiben, sein Machtverlust in der Gesellschaft – sondern die schwindende Macht über sich selbst. Die Symptome sind bekannt: Zellen lagern Fett an, Haut und Muskeln werden schlaff, Adern und Organe brüchig, Gelenke – auch die mentalen – allmählich steif. Augen und Haare verlieren den Glanz, Frauen die Gebärfähigkeit, Männer die Potenz. Und irgendwann schaut der Mensch in den *besten Jahren* sehnsüchtig zurück auf die besseren. Er ist nicht mehr der Abgehängte der Geschichte, sondern seiner eigenen Biographie.

Viele sitzen dann hilflos auf den Terrassen ihrer Promi-Restaurants, den Borsalino leicht, ganz leicht in die Stirn gedrückt. Sie bestellen das legendäre Wiener Schnitzel mit Gurkensalat, in der Pfanne gebraten, hauchdünn mit Luftbläschen, oder das Steak mit Sauce béarnaise. Und auf der Straße laufen junge Menschen vorbei mit ihren vegetarischen Würsten und veganen Burgern, ihren Erasmus-geschulten globalen Perspektiven und postkolonialen Sensibilitäten, ihrer fremdartig, aber dabei so gar nicht drollig-dreist nach *Jugendwort des Jahres* klingenden Gendersprache. Und irgendwann kommt auch noch Greta Thunberg.

Und dann flüstern diese Männer (meist sind es Männer) miteinander. Und das klingt dann vielleicht wie das Gespräch von Henrik Ibsens Baumeister Solness mit seinem Hausarzt Doktor Herdal in der norwegischen Hauptstadt Kristiania des 19. Jahrhunderts: »Eines Tages, da kommt die Jugend hierher und klopft an die Tür –«

Herdal lacht. »Na, du lieber Gott, was dann?«

»Was dann?«, gibt Solness zurück. »Ja, dann ist's aus mit dem Baumeister Solness.«

Es liegt verlockend nahe, die Moralophobie der späten Jahre als eine Variante der Midlife-Crisis zu erklären. Als Horror, der den Menschen auf dem *point of no return* erwischt: Da ist er, der erreichte Gipfel, doch auch das verblassende Glück, die Karriere, die auf der Stelle tritt. Der Mensch betrachtet das EEG seiner Erfolge, seiner Attraktivität, seiner Anerkennung. Und er sieht keine Bergketten mehr, sondern nur noch Hügel mit deutlichen Tälern und immer schwächerer Amplitude.

An diesen Endstationen der Sehnsucht treffen sich

dann der alt gewordene Junge Wilde, der Kolumnist mit der immer spitzeren Feder und der immer flacheren Karrierekurve, der einst als subversiver Frechdachs gefeierte Pop-Philosoph, dessen Frechheiten seit seiner Emeritierung von der Technischen Hochschule Clausthal-Zellerfeld sich immer mehr an die seines ungeliebten Onkels Günther beim Grillfest annähern. Aber wer wäre er, wenn er sich von diesem Kretin seinen Humor wegnehmen lassen würde?

So wächst aus dem Heimweh nach der ontogenetischen Ursuppe die Ablehnung jener Phylogenese, die sich Zivilisation nennt. Dabei ist nach neueren Erkenntnissen der Entwicklungspsychologie der Niedergang auch im persönlichen Lebenslauf kein unausweichliches Schicksal. Forscher haben die »U-Form des Glücks« entdeckt: Der britische Ökonom Andrew Oswald und sein amerikanischer Kollege David Blanchflower haben Studien mit mehr als zwei Millionen Menschen aus 80 Nationen ausgewertet und gefunden, dass um das 50. Jahr die Lebenszufriedenheit statistisch wieder anstiegt – nach dem Tal des Missvergnügens in der Mitte der Aufbruch zu neuem Glück.

Über die Richtung dieser Aufbrüche sagt diese Erkenntnis allerdings nichts aus. Doch die Anschauung zeigt, dass sie in vielen Fällen nicht nach vorn führen, sondern in irgendein Zurück – ein *back to basic,* zurück zu dem, was ursprünglich und naturnah erscheint. Es gibt Menschen, die dann anfangen, Oldtimer zu sammeln. Andere versinken in vor- oder frühzivilisatorischen Lebensweisen, beziehen ein Blockhaus im Wald, jagen Geparden oder bauen ausgestorbene Gemüsesorten an. Und dann gibt es natürlich auch die Menschen, die Sitten und Gebräuche der Sklavenhaltergesellschaft, der Ritterzeit oder des Feudalismus wiederentdecken – und diese Entdeckung verteidigen, notfalls auch gegen das eigene frühere Selbst.

Doch nicht jeder Alterungsprozess geht mit einem solchen Seitenwechsel einher. Gerade die Handlungsreisenden der Kulturbranche, Tag und Nacht mit ihrem Musterkoffer aus Haltungen, Stilentscheidungen und Idiosynkrasien unterwegs, kramen auch die Moralkritik, die sie vor sich hertragen, nicht selten mit Vorliebe aus jener historischen Epoche hervor, die ihnen ihre besten Jahre beschert hat – auch wenn die schon etwas länger zurückliegt. Sie präsentieren ihrer Kundschaft garagengepflegte Requisiten aus einer Zeit, in der sie selbst noch in voller Blüte standen – in der magischen Hoffnung, so noch einmal die alte Spannkraft vorzuführen, die alte Schärfe, den alten Schliff als junger Rebell.

Wer sich mit Reinkarnationstherapie beschäftigt, kennt solche Verfahren zur Rückführung in vergangene Leben. Sie sind ohne ein Maß an Simulation nicht zu haben. Es geht dabei nicht ohne eine leichte Trance ab, die sich am besten mittels Hypnose, holotroper Atmung oder Hemisphärensynchronisation auslösen lässt. Dann, heißt es, kann das im Nebel der Zeit verlorene Leben zurückkehren, und dann fühlt es sich vielleicht an, als wäre draußen noch die große nihilistische Zeit von Punk und New Wave und man selbst noch ganz vorn dabei.

Und so braucht der Fifty-, Sixtysomething mit dem melierten Fünftagebart dann vielleicht nur sein eigenes Ich von damals zu channeln, um noch einmal die 1980er Jahre aufzurufen, als er noch jung und wild war. Als es noch kein *virtue signaling* gab, wie man heute das Zur-schaustellen moralischer Überlegenheit nennt, sondern eher so etwas wie *vice signaling*: Prahlerei mit der ethi-schen Verkommenheit, auch wenn man lieber eine gute Tasse Tee getrunken hätte.

Auch damals hatte ja die Moral nicht gerade einen coolen Ruf. Stattdessen rief die Gruppe DAF zur Be-gleitung von brutalen Sequencern und Brachial-Schlag-zeug dazu auf, den Mussolini zu tanzen und die Augen zu schließen: »Denn alles ist gut.« Der Maler Martin Kippenberger machte sich in Bildtiteln über »Lieb-lingsminderheiten« lustig, über Antifaschisten (»Ich kann beim besten Willen kein Hakenkreuz erkennen«) und Pazifisten: »Krieg böse«. Der Schriftsteller Rainald Goetz gruselte sich in Buchform vor »Krüppeln« mit ihrem »spastischen Gefummel« und schaffte es, zur Be-schreibung einer Begegnung im Englischen Garten auf einer Suhrkamp-Taschenbuchseite elfmal das Wort unterzubringen, das damals noch nicht »N-Wort« hieß. Und dann gab es noch »Tempo«, die Zeitschrift für den Young Urban Zyniker, für den etwas nur dann politisch vertretbar war, wenn man es auch kaufen konnte.

Doch im Grunde war den damals jungen Wilden die Moral komplett egal. Sie wollten, wie man seinerzeit sagte, wenn man ganz platt sein wollte, die »Hippies« ärgern. Und »Hippies« waren fast alle – wenigstens alle, die keinen Streit suchten, sondern irgendeine scheinbar verlogene Harmonie; die sich offenbar in einer verklärten, weichgezeichneten Vergangenheit eingekuschelt hatten. Die ein Kulturleben zu beherrschen schienen, in dem Beuys, »Bots« und »BAP« die Töne angaben, zu denen dann Hunderttausende »Sonne statt Reagan / Ohne Rüstung leben« sangen und »Alle, die nicht gerne Instant-Brühe trinken, sollen aufstehn« und »Bliev su wie du woors / jraaduss«.

Doch es gibt entscheidende Unterschiede zu den Moralkritikern von heute: Wer sich damals über die »Hippies« lustig machte, störte sich nicht an deren *Inhalten*. Er beschwerte sich, ganz im Geist des damals zum Dogma erklärten Kults der Oberfläche, den man mit »Pop« abkürzte, über die *Form*. Das Problem war das Hausbackene, die Einfalt, die sich in der Ästhetik der »Alternativbewegung« verkörperte, in den Ethno-Umhängetaschen, Entenschuhen und altmodischen Frisuren – und gegen deren morbide Ansteckung man sich nur schützen konnte, indem man sich möglichst kühl und scharfkantig in dem einrichtete, was man für das Heute hielt.

Und, noch entscheidender: Damals gab es noch nicht die ganze Landstriche beherrschenden Neonazi-Horden, die nach der deutschen Wiedervereinigung den Sport des Hippie-Bashings mit Begeisterung übernahmen – mit dem Unterschied, dass sie dafür den Baseballschläger benutzten. Damals gab es auch im Kulturbetrieb noch nicht jene dominanten, heilig-ernsten Stimmen von rechts, die in den 1990ern begannen, den verspielten, uneigentlichen Spott auf die 68er in den hohen Ton finsterster Eigentlichkeit zu transponieren: Noch wetterte damals kein Hans-Jürgen Syberberg gegen die »jüdisch linke Ästhetik« der BRD und ihr »Mafia-System der demokratischen Lebenslüge«, auch kein Botho Strauß gegen den »despotischen Umriss des hinkenden Guten« oder den »verklemmten deutschen Selbsthass«, der »die Fremden willkommen heißt«.

Damals, in den 1980ern, sagten nicht nur die Schlichtesten, sie seien gegen das »Weltverantwortungsdenken«, das »Wackertum« oder den »BIG SINN«. Und fuhren dann trotzdem zum Bauzaun am Atomkraftwerk Brokdorf oder zur Verteidigung irgendeines besetzten Hauses in Frankfurt-Bockenheim. Auch das passte ja zum *anything goes*, das so wichtig war und das Gegenteil von so etwas Hippiehaftem wie Konsequenz.

Gleichzeitig ist es nicht ganz schwer zu verstehen, dass noch vierzig Jahre später Menschen auf die Uhr sehen und einfach nicht glauben wollen, dass diese Zeit schon so lange her ist. Oder nicht gemerkt haben, dass die uneigentliche und ästhetizistische, »strategische« und »ironische« Moralkritik der frühen 1980er Jahre längst von einer abgelöst worden ist, die es bitter ernst meint. Dass das Geschäft des *vice signaling* heute nicht mehr den Avantgarden gehört, sondern denen, die man damals »Peinsäcke« oder BOFs genannt hätte, *boring old farts* – den Ewiggestrigen von AfD bis NZZ.

Und so ist es auch zu erklären, dass Journalisten, die damals für »Tempo« die »Gutmenschen« verhöhnt haben, das heute, da es »Tempo« nicht mehr gibt, dann eben für »Tichys Einblick« tun. Oder dass Filmemacher, die damals im »Risiko« neben Blixa Bargeld versackt sind, sich inzwischen als »eher rechts« outen, um noch mit den gleichen »Provokationen« und »Subversionen« weitermachen zu können wie Anno Tobak.

1979 hat die Harvard-Psychologin Ellen J. Langer eine Gruppe 70- bis 80-jähriger Männer zu einem psychologischen Experiment versammelt. Sie versetzte die Probanden dafür in eine Welt, wie sie zwanzig Jahre zuvor ausgesehen haben mochte: in einen 50er-Jahre-Bau mit Möbeln der Epoche, umgeben von Zeitungen, Magazinen, Filmen und TV-Nachrichten aus dem Jahr 1959, ausgestattet mit Ausweisen, deren Fotos die Teilnehmer im selben Jahr zeigten. Und munitioniert mit Gesprächsthemen aus der Vergangenheit – die Hochzeit, die Geburt des ersten Kindes, die Rallye durch die Kordilleren.

Die Ergebnisse waren verblüffend. Nach einer Woche Zeitreise waren die Senioren deutlich beweglicher, die Arthritis gelindert. Dank der jetzt strafferen und jugendlicheren Körperhaltung hatten viele auch messbar an Größe zugelegt. Und sogar die Gesichter sahen jünger aus als zuvor.

Vielleicht ist auch der retro-adoleszente Trotz gegen den moralischen Fortschritt so ein Ticket für die Zeitreise, ein Vollbad im Jungbrunnen der eigenen Jugend. Vielleicht ist auch er im Grunde *self-care*, eine biographische Eigenbluttherapie, eine Selbstmedikation, die das Gesundheitssystem, und eine Frischzellenbehandlung, die die Pflegekassen entlasten kann.

Vielleicht ist so auch der Schriftsteller, der sich nach wie vor an den idealistischen Zeigefingern der Achtundsechziger abarbeitet, auch nur auf dem langen Weg den Zeitstrahl rückwärts in seine kreative Komfortzone. Und der Punkrocker im Rentenalter, der in seiner Jugend erfolgreich mit »Belsen Was a Gas« geschockt hat und vierzig Jahre später Donald Trump verteidigt, ist vielleicht auch nur ein romantischer Held wie Harry Haller in Hesses »Steppenwolf«, der Vater aller Midlife-Krisen, der mit fünfzig Jahren beschließt, das »Lebensspiel« noch einmal zu spielen, »seine Qualen noch einmal zu kosten, vor seinem Unsinn nochmals zu schaudern, die Hölle seines Inneren nochmals und noch oft zu durchwandern«.

Denn die Vergangenheit braucht keine Moral.

Was ohne Moral jedoch nicht geht, ohne Werte jenseits von Eigen-, Klassen- oder Nationalinteresse also, ist die Zukunft. Ohne Moral gibt es keine nachhaltige Differenz zum Bestehenden, keine Solidarität mit den folgenden Generationen oder den global Ausgebeuteten, fliegen uns das Klima und der Trikont um die Ohren. Ohne Moral verkümmern die Sinne, mit denen wir die Welt wahrnehmen. Und ohne Moral zerbrechen wir an der Gewalt, die wir ausüben, nur weil sie uns angeboten wird.

Vielleicht genügt es, sich darauf zu verlassen, dass die Zukunft der Moral erfahrungsgemäß ohnehin bei den Nachwachsenden meist besser aufgehoben ist als bei den Alten. »Eine neue wissenschaftliche Wahrheit«, hat Max Planck gesagt, »pflegt sich nicht in der Weise durchzusetzen, dass ihre Gegner überzeugt werden und sich als belehrt erklären, sondern vielmehr dadurch, dass ihre Gegner allmählich aussterben und dass die heranwachsende Generation von vornherein mit der Wahrheit vertraut gemacht ist.« Und vielleicht gilt das nicht nur für den Fortschritt der Wissenschaft, sondern auch für den von Zivilisation, Humanität und gegenseitigem Respekt.

Aber wenn Menschen nicht lernen könnten, wären Bücher überflüssig – nicht zuletzt eins wie dieses.

Eine Zeichnung des langjährigen »New Yorker«-Chefkarikaturisten Bob Mankoff zeigt einen Raum aus Punkten: Die Vorhänge, die glockenförmige Stehlampe, die Couch, der Sessel, impressionistisch aufs Blatt getupft. Im Sessel der Therapeut, Brille, Anzug und Halbglatze, die Linke am Kinn. Auf der Couch ausgestreckt der Patient, auch er im Anzug, auch er im reiferen Alter, die Hände ein bisschen fahrig in der Luft. Er sagt: »But I like living in the past. It's where I grew up.«

Ein paar Therapiestunden später könnte dieser Patient vielleicht sagen: »I like living in the future. It's where I will grow up.«

Und das wäre zwar nicht so lustig, aber vielleicht gar nicht so schlecht.

Einige Passagen über Götz von Berlichingen, Niccolò Machiavelli, Bertolt Brecht und Al Capone basieren teilweise auf Texten, die der Autor für das Geschichtsmagazin GEO EPOCHE verfasst hat: Heft 70 (»Karl der Große«), 85 (»Das Florenz der Medici«), 27 (»Die Weimarer Republik«) und 48 (»Mafia«).

Jörg-Uwe Albig
**Das Stockholm-Syndrom
und der sadomaso-
chistische Geist des
Kapitalismus**
Roman

240 Seiten, gebunden mit
Schutzumschlag
ISBN 978-3-608-98416-3
€ 20,– (D) / € 20,60 (A)

»Jörg-Uwe Albigs Roman hält, was er
verspricht: Er findet in der Geschichte
eines Familienbetriebs auch den
Sadomasochismus im Kapitalismus.«
Cord Riechelmann, FAS

Jörg-Uwe Albigs Groteske entführt uns in die unend-
lichen Weiten des Spätkapitalismus, dorthin, wo sich
Profitstreben und mentale Selbsterkundung gute Nacht
sagen. Die tragische Heldin, Business-Coachin Katrin
Perger, hat in jeder Hinsicht die richtigen Überzeugun-
gen, doch beim Versuch, das System zu unterwandern
macht sie sich zur Komplizin.

Klett-Cotta

www.klett-cotta.de

Jörg-Uwe Albig
Zornfried
Roman

159 Seiten, gebunden mit
Schutzumschlag
ISBN 978-3-608-96425-7
€ 20,– (D) / € 20,60 (A)

»Richtig gute Literatur.«
Jochen Schimmang, Frankfurter Allgemeine Zeitung

Tief im Spessart liegt die Burg Zornfried. Dort versammeln sich die Vordenker einer Neuen Rechten: ein Dichter, dessen Texte von Blut und Weihe triefen, ein völkisch philosophierender Waldgänger, ein Filmemacher, der sich als böses Genie inszeniert, und eine Gruppe kämpferischer junger Männer. Von der Aussicht auf eine spektakuläre Reportage werden jedoch auch immer wieder Journalisten angelockt – die sich bisweilen gefährlich weit auf das Spiel der Burgbewohner einlassen.

Klett-Cotta